JN323794

復興は教育からはじまる

子どもたちの心のケアと共生社会に向けた取り組み

細田満和子・上 昌広
【編著】

明石書店

序　どうして子どもたちのケアが必要だったか

浜通りへ

震災直後、郡山と仙台にある星槎国際高校学習センターの生徒たちの安否が気遣われた。ただ生徒たちは、自ら被災者であるにもかかわらず、より深刻な被害を受けた地域の支援にすぐに立ち上がっていた。この姿は、私を東日本大震災の福島と関わるようにさせたきっかけだった。全国の星槎グループの生徒、保護者、教職員が、この姿を見て心を動かされ、3月17日から被災地へ生活物資搬入等の支援活動を開始した。

福島第一原発が爆発した後は、周辺の地域にはメディアさえも放射線を恐れて近づかず、食料やガソリンなどの生活物資が全く入らなくなっていた。この孤立した相双地区だからこそ、私は行かなくてはならないと思って支援に向かった。

震災の時、私は海外に出張中だったので、実際に南相馬市、相馬市に入ったのは4月12日からだった。現地はまだ何も手が付けられていなかった。すべてが混乱を極めていた。中でも際立って問題であったのが医療の分野だった。現場の医師、看護師の方々の疲労は限界を超え、治療を求める被災した人々の不安、不満は極限に達していた。

子どもたちが大変だ

避難所を回った時に目についたのは、子どもたちの行動の異変だった。気になる子がたくさんいた。決まった時間に外へ出て、靴に穴が開いても足の指から血が出ても、毎日小石を蹴り続けている子。話しかけても全く反応しない子。逆に周りに人がいると夢中になってしゃべりまくる子。その場所の責任者と話している時、突然駆け寄ってきて、「おじさん、そんな怖い顔しないで。ここは笑顔で話さなきゃいけないの！」と大きな声で話す子などなど。

私たちの学校には、不登校、学習障がい、広汎性発達障がいなどの生徒も多くいるので、こうした特性のある子どもたちの動作や変化については、一般の教師よりも敏感に察知できると思っている。とにかく子どもたちのケアの必要性を強く認識した。

一般的な子どものほとんどが、震災のような状況があれば、多かれ少なかれ、混乱するものである。人は皆、子どもでも大人でも、異常な事態・状況に遭遇した時、絶望、悲嘆、無気力、怒りを感じるのが普通なのだ。そうして、数か月で通常に戻ってくる。しかし、そうでない場合もある。それは環境によって違うもので、要は、いかに我々が子どもたちと向き合い、対応するかが問われている。

いわゆる普通の子に出てきている状態が、発達障がい系の子どもたちにどのように影響を及ぼすのか、また、どう見分けて、どのように対応するのかということが、大きな課題となった。「心には基本的なニーズというものがある」と以前、本で読んだことがある。

「自律的でありたい」

「有能でありたい」

「他者と関わりを持ちたい」

これらは極めて日常の中で普通に行われている行為である。しかし、避難所や仮設住宅等では、これらが無視された環境になりやすいのが実態だった。一刻も早く子どもたちの持つ問題状況に対応できる環境を作り出すことが、今後の大きな課題であることは間違いないと思った。

「世界は苦痛にあふれていますが、それに打ち勝つ力にも満ちあふれているものなのです」

これは、ヘレン・ケラーの言葉である。私もそう信じている。

星槎グループ会長　宮澤保夫

はじめに

東日本大震災から3年が経とうとしている。私は縁あって、福島県浜通りの北部地域の支援を続けている。ちょうど、原発事故で汚染された地域である。

この地域の別名を「相馬地方」という。鎌倉時代から幕末まで相馬家が治めたからだ。現在も相馬家は健在で、この地方の歴史的文化遺産である相馬野馬追いでは、相馬家の当主が「総大将」を務めることが多い。

この地域の特徴は、相馬家を精神的支柱として、地域の一体感が強いことだ。これは、東北地方の雄であり、60万石を有する伊達家に隣接してきたことが影響しているようだ。伊達家は武に秀でた大名だったようで、隣接する大名の多くを攻め滅ぼした。10万石以下の大名で生き残ったのは、相馬家くらいだ。

相馬地方の生き残りにかける執念は凄まじい。伊達家と対抗するため、佐竹家、石田三成、本多正信らの権力者と連携し、最後は譜代の土屋家から養子を迎え、譜代大名格として幕末を迎えた。強敵に対抗するため、外部勢力を利用しようとする「遠交近攻」に長けた一族だ。

さらに、この地域には、天災が繰り返し襲いかかった。慶長・元和の大津波や天明の大飢饉だ。特に後者の影響は甚大で、幕府の禁を破り、越中国から真宗集団の移民を受け入れた。

伊達家の脅威、繰り返す天災から生き延びるために、相馬の人々は次世代への投資を怠らなかった。江戸時代文政年間に、二宮尊徳が主導した財政再建策を「報徳仕法」という。それぞれが、「分」に応じた生活を守り、余剰を再生産に投資しようという考え方だ。実は、相馬は全国で「報徳仕法」が成功した数少ない地域である。二宮尊徳の高弟である相馬藩士・富田高慶が主導した。野馬追いも報徳仕法も、相馬地方が生き残るための「将来投資」だ。

伊達家や自然災害との「戦い」を通じて、この地域は、有機的なコミュニティーへと成長を遂げた。そして、「遠交近攻」「将来投資」の伝統は、今もこの地域に息づいている。その象徴が「教育を中心とした復興」だ。この地域の復興をリードした立谷秀清・相馬市市長は、震災後の早い段階から「人材育成こそ、復興の要」と言い続けてきた。

現在、相馬地方には、全国から教育の専門家が訪れ、地元の関係者と協働作業を続けている。この中には、我々のような医師もいれば、臨床心理士、予備校講師、五輪メダリスト、発達障がい教育の専門家など、多彩なバックグラウンドを持つ専門家が含まれる。

相馬地方は、かれらを温かく受け入れ、自らのペースに落とし込み、着実に成果を上げつつある。本文中でも紹介されているが、地元の進学校である福島県立相馬高校は、震災以降、名門大学への合格者数が飛躍的に増え、２０１３年春には13年ぶりに東京大学への合格者も出した。成果は進学だけに限らない。放射線対策、心のケアなどの成果も注目されている。

本著は、相馬地方を舞台に地元の人々と全国からの支援者が、協力しながら独自に進めている復興の記録である。第1章から第10章では、相馬地方の学校や教育の現場を中心に、地元の学校教諭、教育・心理・医療などを専門とする支援者たち、そして保護者による、子どもたちの心の揺れとそれに対するケアの状況について書かれている。スペシャルレポート1～5では、国内外から相馬地方に向かった様々な立場の支援者による地域の人々や子どもたちとの関わりの様子が綴られている。相双地区活動レポート1～8では、震災直後から相馬市内に事務所と宿泊所を構え、継続的な支援を実施している星槎グループによる活動の概要が記されている。

我が国は資源に乏しい小国だ。そして、日本全国、いつどこで大災害が起こってもおかしくない。財産は人材だけだ。東日本大震災以降の地元の人々と支援者の奮闘は人ごとではない。この試行錯誤を学ぶことは、多くの読者にとって貴重な経験になるだろう。是非、じっくりとお読みいただければ幸いである。

執筆者を代表して　上　昌広

復興は教育からはじまる
子どもたちの心のケアと共生社会に向けた取り組み

目次

相双地区活動レポート

第1章

震災後の子どもたちと学校
——地域に生きる養護教諭としての関わり

井戸川あけみ

いどがわ　あけみ◉元福島県南相馬市立小高中学校養護教諭。自らも被災しながら、中学校の養護教諭として生徒たちの心身の健康管理を行ってきた。

1　避難所としての学校

2011年3月11日、午後2時46分、大地震と大津波が東日本を襲い、翌12日に東京電力第一原子力発電所に緊急事態が起きた。天災によって起きた地震と津波、人災によって引き起こされた福島第一原子力発電所（原発）による放射線災害は、生活のすべてを根底から喪失させる状況に貶《おとし》め、未だに復興という言葉は遠く、見通しを立てることすらできない現状が続いている。

震災当日、中学校では午前中に卒業式が行われ、部活動の一部の生徒を残し、ほぼ全員が下校していた。地震発生直後、区内の防災無線から津波到達の情報が流れ、高さが10メートルという言葉に「まさか、そんなことはあるはずがない」と誰もが耳を疑った。しかし一時避難した高台で、防風林を越える高さの黒い波を肉眼でとらえた時は、身体が凍るような恐怖を感じた。

地震による家屋の倒壊、津波による流失家屋被害のため、多くの区民が高台へと避難してきた。地震による地盤沈下のため校舎は数センチ沈み、建物の基礎の部分には亀裂が入った。幸いにも校舎は耐震工事が施されていたため損壊を免れ避難所として使用することができた。だが耐震工事を目前にしていた体育館は、壁が崩落したため使うことができなかった。２００名を超える被災者が続々と押し寄せ、ただちに災害対策本部が校長室・事務室を拠点に区役所職員によって設置された。

教室と保健室は、避難者の受け入れ場所となった。介護を必要とする老人が保健室を訪れ、数少ないベッドはすぐに埋まってしまい、用意してあった寝具も不足する事態が生じていた。幸い電気、ガス、水は確保できていたので寒さの中、暖をとることができたのだった。避難所とはいえ、災害用の備えはなく、寝具類は、集められてきた毛布が夜半に配られたものの、全員に行きわたるまでの数量にはほど遠かった。

本校職員は、避難所対応のため学校待機となった。被災者の誘導や避難所に受け入れた方々の氏名の貼り出しを行い、身元の確認作業の手伝いや支援物資の配布にあたることになった。学級担任は、連絡網を駆使しながら生徒の安否確認を続けた。この時点で5名の生徒の行方を把握することができなかった。

学校に避難してきた子どもたちは、口々に地震や津波の様子、友人の安否情報を伝えてくれた。続々と入る情報への対応と伝わってこない情報に翻弄されつつ、その作業は夜通し続けられた。住民は肉親の安否確認のため各避難所を回り、名簿を見ながら声をかけてくる。その悲壮な顔と憔《しょう》悴《すい》しきった姿は、今も脳裏から離れることはない。

翌日、郡山市から地元出身の医師が、居ても立ってもいられず力になりたいと、自力で避難所に駆けつけてくれた。被災者の健康が気がかりだっただけに、医師の来校は心強くほっとした気持ちになった。保健室は、身体の異常を訴える人たちのケアの場となった。校内放送で呼びかけ、ボランティアの看護師と共に看護に当たることになった。保健室には、応急処置に使用する薬品しか用意がないため、被災者に充当する薬品はなく、医師からのアドバイスによって、最寄りの病院に行くよう説明することができた。幸いにも小高病院が救急患者を受け入れてくれていることがわかり、その情報は救いであった。学校が避難所として指定されていても、災害時に機能するだけの備えられた医薬品、寝具、食料もない状態である。長期化を予想した時、この状況に不安がよぎっていた。

避難所が６００人を超える被災者で埋め尽くされ、ようやく支援物資も届きはじめた頃、時間の経過とともに、テレビから映し出された映像は、危機的な事態が起こりはじめていることを報じていた。福島原子力発電所一号機の水素爆発である。20キロ圏内に入っていた小高区は、避難対象地域となった。ただちに避難勧告が出され、午後６時には避難所も閉鎖となった。保健室から救急鞄や薬品、マスク、水、毛布等今後必要となるものを車に詰めこみ、次の避難所へと向かった。

被災者は、落ち着く間もなくさらに遠くの避難先を求め避難しなくてはならなかった。全区民が避難対象者となってしまったため、その後は散り散りになってしまった。生徒との連絡もとれなくなり、これを境に安否を確かめることが容易にできない状況になってしまった。この時点で、居住地に戻れなくなることなど誰もが予想もしていなかったことである。

避難勧告が出た翌日から生徒は臨時休校、年度末、年度始め休校となった。職員も学校再開の連絡が入るまで、交通遮断休暇となったのである。

2　区域外就学へ

3月28日、学校再開に向けて職員に出勤命令が出された。双葉郡内、小高区、原町区在住の職員もまた被災者であり、県内外に避難を余儀なくされていた。避難先から100キロもの距離を通勤してきた職員も数名に上っていた。警戒区域の指定のため学校への立ち入りが許されず、手元に生徒の情報がなく、学校再開の準備に向けて避難先や安否の確認を行うことは大変な作業となっていた。この時点で4名の生徒が津波の犠牲となったことが明らかになった。市から許可を得て職員が立ち入り、持ち出された物の中に健康管理票があった。そこには緊急時の連絡先が記載されており、連絡を取る上で大いに役に立ち活用された。

２０１２年度入学の高校入試は、原発事故の煽りを受けて特例措置によって全員が合格となった。中学3年生担任は、それぞれの高校への提出書類の作成に追われることになった。しかし、被災地の高校も人員の流出によって変動し、それぞれが他の地域で開校しサテライト校を開設するなどしていたため、その連絡や移動は困難を極めた。そのような混乱の最中、相馬市の廃校となった高校に小高区の子どもたちが避難していることがわかった。学校再開までの準備をするかたわら、学習ボランティアとしてそこへ足を運ぼうという声が職員の中から湧き上がった。この避難所で会った時、子どもたちは、頻発して起こる余震と避難所での生活の不安定さから不安と恐怖と動揺を隠せない様子だった。一人で行動しようとする姿はなく、椅子に座ったら、その場所から決して離れようとはしなかった。頭を擦り寄せるように身を寄せ合って小さい声で話をしている。これまでの子どもの様子からは想像できない光景が目の前にあった。

「昼は、平気なように遊んでいるけど、夜になると体を擂り寄せてしがみついてくる。夜トイレに一人で行くこともできないんです」と母親からの声を聞いた。頻回に余震が続く中で、津波被害の恐怖から逃れられず、誰かに寄り添っていなければ落ち着かないといった様子である。避難してから久しぶりの再会に、先生に抱きつき涙ぐんでしまった生徒、声をかけた時、一瞬だが顔がほころび笑顔を返してくれた生徒もいた。「以前に戻れた」と思えた瞬間でもあった。複数の先生やボランティアの方々が、学習を通して子どもを見守り、支えていった。養護教諭も身体ほぐしや応急処置等で子どもたちと関わることができた。少しずつ元気を取り戻すことができたと感じてきた矢先、4月11日に発生した震度5という余震によって、この避難所も耐震強度が足りないという理由から、南相馬市の学校再開を目前にして閉鎖されてしまった。子どもたちは、避難場所を失い、さらに次に指定された遠くの避難所へと移動しなければならなかった。避難先では、区域外就学という形で他の学校に転入せざるをえない状況となっていった。この時、すでに南相馬市の子どもたちの数は半数に減っていた。

3 学校再開

4月22日、南相馬市教育委員会は市内22校の学校を鹿島区で開校することを決定した。警戒区域や避難命令準備区域の指定によって本校舎には帰校できないため、原発からわずかに31キロ地点に学校再開の場を指定したのである。震災前の在籍数は382名であったが、開校当時は42名に激減していた。生徒たちの多くは全国の280校に分散していったのである。鹿島中学校の特別教室の2室を借用し、パーテーションで仕切った教室での授業が開始された。隣の授業の様子がわかるほどの狭い教室で、机や椅子などすべての物が借物という学校生活のスタートだった。

子どもたちの居所は、原町区や相馬市の避難所や仮設住宅、借り上げ住宅がほとんどであった。

通学方法も、バス通学が大半を占めることになり、日課表はバスの運行時間に合わせて設定し直さなければならなかった。そのため、子どもたちは、早朝の登校時刻と午後3時下校という時間帯に縛られることになってしまった。

学校再開時の教員数は、以前と同じ26名。学級には、教科ごとに2〜3名の教師が入り、授業が進められていた。子どもたちは、先生との距離が縮みコミュニケーションも取りやすくなったためか、学習に意欲的に取り組むようになっていた。ただし授業中も教師に話しかける生徒や職員室まで付いてきて離れようとしない生徒など、以前には見られなかった光景が見られるようになっていた。顔と顔を突き合わせより身近に接触できることが、不安定さや不安の軽減につながっていたのかもしれない。

再開後、すぐにスクールカウンセラー（SC）が来校することになった。SCと養護教諭とで話し合いを持ち、全員の聞き取りを行った。出来事インパクト尺度や見守りチェックリストによる計測の結果、緊急性の高い子どもから順にカウンセリングが行われた。また心のケアに重点が置かれ、養護教諭は、担任と協力しながらリラクゼーションやストレスマネージメント教育を実施していった。

4 先生との別れ

職員室には、教室の半分にも満たない狭い家庭科準備室が当てられた。人ひとりが横を向いて歩くほどのスペースである。授業以外の時間になると、狭い入り口は生徒で埋め尽くされることが多くなった。教師との他愛もない話をするためである。ひとしきり話をすると戻っていくが、また次の時間も次の時間もと続いていた。

職員室の一角に保健コーナーが設けられ、そこが救急処置の場となった。避難時に持ち出していた救急用品はここで役に立つことになった。保健室の機能は十分とは言えなかったが、教室を訪問し、放課後生徒と話したり、ゲームをしたりすることが唯一の関わりとなり、動く保健室として子どもたちと接することができた。

学校再開から3週間が過ぎ、少し落ち着きを取り戻しはじめた5月、生徒数の減少に伴い、相馬、双葉地区所属の教職員に対して、国の教職員定数法に合わせての是正措置が行われた。県内各地に避難し区域外就学した子どもの通う学校へ、11名の教員が兼務発令を受け去っていった。職員数は15名となり、各教科1名の通常の授業に戻った。また8月には、定期の人事異動があり、慣れ親しんだ先生との別れが続いた。

先生との別れもまた、震災直後、明日も会えると思っていた友だちと突然別れなければならなかった理不尽な状況に似ていた。自分の周りから心を寄せ合うことができる人を失ってしまった寂しさやいたたまれない感情が子どもたちを襲っていた。「先生は、いいよな」「俺たちは、どこにも行けない」「見捨てられた」と声に出していた。その頃から子どもたちの様子に少しずつ変化が起こりはじめていた。

同一校舎内に市内5校の中学校が、それぞれのエリアを持ち授業を行っている。他校との交流は、生徒指導上禁止されていたが、反発し合う姿や他エリアに侵出する姿も多くなり、生活面でのいざこざが多発してきたのである。

日課表は、昼休みも十分に取ることができない変則的な時間帯である。外部放射線の値に翻弄され、服装は長袖に帽子、マスクの着用、暑くとも窓の開閉を行うことも制限されていた。外での活動は一切できず、体育の授業は、すべて体育館で行うことになった。子どもたちも先生も息のつまるような状況の中で教育活動を続けていくことになったのである。

正常に稼働している県内の学校と違って、いつまでこの状態が続くのか予測できない中、学習の遅れをとり戻すことが求められていた。学習環境が整わない中で、教育課程の実施や学力向上に向けた課題が次々と投げかけられていた。「この実態を理解してくれているのだろうか」と憤りと怒りを感ぜずにはいられなかった。

こうした状況下で、子どもたちは行き場を失い、不安を感じ、先の見通しが立たない生活に希望を持てず、やり場のない苛立ちを募らせていた。

学習についていけない。授業に意欲がわかない。どこか投げやりになってきている子どもたちの姿が見え隠れした。教室や廊下を駆け回る、絡み合う、怒鳴る、叫ぶ。一部の子どもによって学校のルールが次第に崩れはじめてきたのである。

5　仮設校舎への移転と子ども

11月仮設校舎が完成し、鹿島中学校から鹿島小学校校庭の仮設校舎に移転した。そこは海岸に近く道路一本挟んで津浪がとどまった場所でもあった。机や椅子は支援によるもので、教室や廊下は広いものの、実験や実習をする場はなかった。十分に教育環境が整わない中で、先生方は不便さの中で工夫し、教材や特別教室を他校から借用しながら授業を進めていった。教育課程に組み込まれていた行事も予定通り実施しはじめてきた。

仮設住宅が増設されると、区域外就学をしていた子どもがポツリポツリと学校に戻りはじめてきた。避難先で歓待され、部活動で活躍できていたにもかかわらず、友だちに会いたいから戻ってきたという子どももがいた。避難先でいじめにあったから、学校に行くことができなかったから、学習についていけなかったからと、様々な理由で本校に戻ってきた子どももいた。しかし、迎え入れる子ども一人ひとりに、友を歓待して受け入れる力は乏しかった。集団としての機能が脆弱になっていたのだ。転入し再会した喜びもつかの間、震災前の子どもたちのように仲間を受け入れようとする態度とは違ってきていた。

転入してくる子どもが増えるたび、子どもたちを取り巻く環境にも大きな変化が生じた。人との関係を結ぶことができない生徒や親しみを装っての陰湿な絡み合いを強いる生徒、自傷行為に走る生徒、教室を離脱する生徒など、予想もつかないような行動が目の前に繰り広げられていた。

校庭は、２時間の時間制限の中で部活動が行われ、体育館は、割り当てられた時間だけしか使用できない。活発な中学生にとって窮屈な生活を強いられることばかりで様々な抑圧が重なってきていたのである。

そして、さらに身体的にも不安と憤りを抱くような状況が加わり、かれらの情動の激しさを助長させていた。放射線被ばくを懸念した検査である。ホールボディカウンター、甲状腺検査、ガラスバッチ、健康診査と次々とこれまで体験したことがない検査が、子どもたちを追いつめることになった。

結果が手元に届くたびに、家庭ではこれから先の子どもたちの将来に不安を抱いていることがまぎれもない事実となった。その様子は、日常的な子どもの様子からも見てとれることとなった。

毎週開催される生活委員会では、子どもの変容が多く報告され、その対応に費やす時間が増えていった。校則に沿ってダメなものはダメと教師一丸となって対応すること、子どもの心に寄り添った関わりをしていくことが合言葉であった。

仮設校舎に移って、ようやく保健室が設置され保健室の機能が発揮できるようになった。「あの先生ムカつく」「授業なんか出ない」「教室がダメならどこで過ごせばいいんだよ」「どうせ、俺たちに未来はない」「先生、結婚しても子ども産めないんでしょう」「あいつらとは一緒にいるのが嫌だ」「勉強なんかしたって……」。身体異常を訴える子ども、授業についていけない子ども、出席できなくなった子どもが後を絶たず来室してくるようになった。

様々な訴えの中に、やり場のない不安や苛立ち、憤りなどが表れてきていると感じた。自己肯定感や自尊感情、他者理解などかれらにはほど遠いと感じた時、個々の置かれている状況にこの災害がもたらした影響がいかに大きかったかを思った。個に応じて丁寧に聞き取り、受け止め、支えることが必要であった。担任との間の仲立ちや、時には学習の場の提供も保健室に求められていると痛感した。

6 スタートラインへ

震災から3年が経った今も、未だに小高に戻れない現状が続いている。日常生活を見ていると、子どもたちの安定した所属感や自己実現に向かって努力しようとする姿を見ることができるのは、まだ遠い気がしてならない。安全、安心を教育活動の中で保障していくことが最優先にすべきことだと痛切に感じる。震災後、自分の置かれた状況に戸惑い、「何がいけなかったのだろうか」「これは、天罰なのだろうか」と自分に何度も問いかけた子どもも少なくなかった。手の中にあった確かなものが一瞬にしてこぼれ落ちていった喪失感、同時に日常がどれだけ大事なことであったのかも身をもって感じ取った。震災によって自分で身を守っていくことの術を習得し、たくさんの方々から支えられていたことも実感していた。

しかしその反面、物への執着も強くなった。あらゆるものが手に入ること、依存することが楽であることを知り、快楽を求める方へと走り出してしまう傾向も強く表れてきている。個々の状況によって、あらゆる形で価値観が異なって受け止められてきてしまっている。

今の非日常的な生活から、震災前に何でもない中で幸せと感じていた日常を子どもたちが取り戻すにはどうすればよいのか。変われる自分に気づくことや学び続けることの大切さを感じ取れる関わりが、今求められていることなのではないだろうか。

7　変わらない現実

2012年12月7日17時18分、震度4の地震が発生し、福島県沿岸部にも津波注意報が出された。この時学校には37名の子どもたちがいた。サイレンの音を耳にしながら、仮設校舎から2キロ離れた桜平山に走って避難した。夕暮れ時の暗闇の中、恐怖と緊張で泣き出す子どももいた。この状況が、また3月11日を想起させてしまったのではないかと危惧した。

現在も、沿岸部の防波堤は大破した状態が続き、すぐ間近に海原が広がり白い波しぶきを見せている。

余震が幾度となく続く中、いつ起こるかしれない災害の再来と、未だ収束していない放射線汚染に怯えながら、子どもたちは今も避難生活を余儀なくされている。これまでに子どもたちがあの震災から受けた影響は計り知れないものがあり、その心的な被害は、日常生活の中で顕在化し続けているのである。

8　子どもの心の変化

子どもの健康状態は、個々の生活や環境の影響を受けて身体面・心理面に表れてくる。原因となる背景は様々であるが東日本大震災以降、その表れ方は顕著である。

震災直後の聞き取りでは、「家屋が流された」「祖父母や知人・友人を津波で亡くした」「津波に追われるようにして逃げ延びた」と自然災害の状況を口にした。

当初、子どもたちは、「そのことは、実際には起きなかった」とか「現実のことではなかったような気がする」と現実を受け入れることができずにいた。
しかし、時間の経過とともに、「考えるつもりはないのに、そのことを考えてしまう」「敏感になっていて、ちょっとしたことで、どきっとしてしまう」「その時の場面が、いきなり頭に浮かんでくる」など、恐怖感や不安が強くなった時、当時の様子が思い出されるというようになった。また、物事に集中できない、イライラして怒りっぽくなる、寝つきが悪い、眠っても目が覚めるなど、不安定な状況は継続しているという。

地震と津波の被災に追い打ちをかけた福島第一原子力発電所の事故は、生活のすべてを奪ってしまった。

学校があっても戻れない、家があっても戻れないといった、〝戻りたくても戻れない〟という状況。本来であればそこに「ある」はずのものが「ない」という喪失感は計り知れないほど大きい。
人との関係においても、この震災と原発事故による突然の別れは、家族の離散や分断をもたらした。友人や知人に会いたくても会えないという不条理な状況で、人々は疲弊している。その悲しさやつらさ、そして憤りが、子どもたちの感情や行動・人との関係性に影響を与えていることは否めない。2年生のある子どもは、「原発さえなかったら」と思う気持ちが強く、今も、あの日の記憶が鮮明に残っているという。「震災があって、今でも苦しい生活を強いられ、仲間に会えずに孤独を感じている」と胸の内をあかした。

9　蝕まれていく心と体

避難生活は、子どもの成長の阻害要因となった。仮設校舎は、未だに実習や実験を行うことができる施設・設備がない、特別教室とは名ばかりの教室で授業が行われている。生徒が自由に立ち入れる空間は、廊下とトイレと保健室だけである。自由に使える校庭も体育館もなく、未だに教育環境は以前のままである。成長に必要な発達段階に見合った運動や遊びが、十分に行うことができない状態である。結果、運動不足による体力や身体機能の低下が見られるようになっている。

放射線汚染による影響は、食生活にも変化をもたらした。これまでは、自炊していた食事も外食や既成品に頼る家庭が多くなった。過食や偏食が加速し、肥満や口腔疾患などが徐々に増えてきている。その上、甲状腺検査、ガラスバッジ、ホールボディカウンター検査、健康診査といった対〝放射線〟検査は、健康被害への不安を助長させ続けている。「先生、鼻血が出た。ここんとこ頻繁だけど、俺、白血病かな」とこれまで口に出して言うことがなかった不安を訴えてくる子どももいる。身体的な不安はぬぐいきれない。そうした不安がストレスを増大させ、子どもたちの体や心を蝕んできている。

10　仮設住居の中で

現在中学校に通学している子どもたちのほとんどが未だに自宅ではなく、4割が借り上げ住宅、6割近くが仮設住宅で過ごしている。震災前の家屋には、それぞれの機能を備えた部屋があり、プライバシーが保たれていた。

仮設住宅は、一家4人で、4畳半2間という狭小住宅もある。隣接住宅の音も耳に入ってくる。家財道具の壁に囲まれた中で、圧迫感に息のつまるような部屋は、自分の空間を確保することが難しく、家庭学習も思うようにできない。

ストレスが蓄積され、夜眠れない、あるいは夜中に目が覚める。苛立ちや憤りを感じながら、不安定になると携帯電話で友だちにメールをする。夜遅くまで起きている。朝起きられない、朝食を摂らない。そうして生活リズムが崩れ、体調不良や不定愁訴で子どもたちは保健室を訪れる。

さらに、プライベートスペースが失われたことにより、子どもは親や家族の会話の内容を多く聞くことになった。また、親の一挙一動に目がいき、時には親の醜態を見てしまうこともあった。それらの中には、子どもが知らなくても済んでいたようなことも多くあった。そうした事が、子どもたちに家庭生活のルールを軽視させ、大人への不信感を募らせることにもつながっていく。

そのはけ口を子どもたちは学校の中でぶっつける。問題行動として表れるのである。私たちは、そうした子どもたちの対応に追われる毎日となった。この子どもたちの心のケアは、全職員とSCで取り組んでいる。

11 3年目の仮設校舎

仮設校舎に移転してから3年目を迎えた。震災直後42名の生徒数も、転入生の増加によって100名近くに増えた。2年生の2学期に避難先から戻った子どもは、言葉少なく「震災さえなかったら、毎日学校が楽しかったのに、今は全然楽しくない」「仲の良かった子も県外に避難していつも孤独だ」と話した。3年生の子どもは「震災後に行った学校で、いじめられて、たくさん泣いて、死にたいって思ったこともあった」とその時の様子を話した。避難先から戻った子どもの中には、転出先の学校で、学習の困難さや不適応をおこして保健室登校や別室登校、不登校になった子どももいる。いじめにあったという子どももいる。

生徒の8割が、避難先から戻ってきた子どもたちである。戻ってきた背景は、親の仕事や家族の都合のほかに、子どものことを考えてのことだったという親の声も聞く。子どもたちの中には、友だちに会える、楽しい学校生活が送れるかもしれない、こっちの高校だったら進学できるだろうという思いがある。住宅難の上、仮設校舎での授業であっても、仮設住宅や借り上げ住宅の空きを待って故郷の近くに戻ってくる。様々な背景を持つ子どもの数だけ、個別の関わりが必要になってきている。

12　保健室で

朝、出勤すると早くも、保健室の鍵が開くのを待っている子どもたちがいる。開錠と同時に数名の生徒が入ってくる。「先生、体温計貸してください」「足が痛いんだけど」「今日は喉が痛い。大丈夫か見て」と矢継ぎ早に訴えはじめる。学級での健康観察よりも先に、子どもたちの健康状態がわかってしまう。

この状況が毎日のように続くが、子どもたちは、家人に訴えることはない。なぜなら、子どもたちの胸中に、親への配慮が潜んでいるからである。

震災後、家族の都合で母親と離れて生活している子どもがいる。毎日熱がある、頭が痛いと訴えて保健室に来る。保健室での訴えは多いが、同居している父親には一言も具合が悪いことを口にしていなかった。有熱であっても「親には連絡しなくていい」「大丈夫だから」と授業に戻っていく。離れている母親に心配をかけたくない様子だった。子どもは「自分が元気に明るく過ごすことが家の人の元気のもと」だと、無理しながらも頑張って過ごしているのだ。

そこには、家族を気遣って、自分の寂しさ、苦しさや不安、困り感などは出さずに笑顔で頑張っている姿が見え隠れしている。震災後の生活から、先行きの見通しが立ち行かないことを察しているのである。

失職したままの親や職に就こうとしない親、仕事のために家族が分断し離散した家庭、夫婦別居、祖父母との別生活、離婚（片親の増加）など、震災前にあった生活環境は解体してしまっている。経済的な安定は保たれず、賠償や補償金の格差によって、金銭の価値基準も崩れかけている。親もまた、生活のすべてが奪われた喪失感と見通しの立たない将来に、不安やストレスを感じ、体調を崩したり、不安定になったりしているのである。

子どもからの体調不安の訴えは「ＳＯＳ」の発信である。見逃してはならない大事なサインである。今、子どもにとって、学校がストレスや不安、愚痴が吐きだせる場所であり、癒しの場となっている。

13 子どもの心の変化を知る

数枚の写真を持ってきた生徒がいた。そこには自分の家が津波によって流失しまった状況が鮮明に映し出されていた。どういう思いでこの写真を持ってきたのだろうか。これを見た時、どれだけの郷愁と自然に逆らうことのできない不条理と喪失感を抱いたことだろうかと、心が押しつぶされそうになった。学校でも家でも明るい。いつも笑顔が絶えない子どもである。決してくじけることなく、前向きでやさしさに溢れている。そう見える子どもの内面は、計り知れないほどの悲しさと不安と憤りと失望で埋め尽くされていたのだろう。

頭痛を訴えて来室する生徒の検温をする。熱は平熱である。だが、肩に手を載せてみると驚くほどの硬さとこわばりが伝わってくる。震災以降、多くの子どもたちの体の緊張が強いことに気づかされた。

横になって休むことを勧めるが、横になることを望む子どもは少ない。椅子に座ったまま、話がしたいと言う。ポツリポツリと話しはじめる。「同じ夢を何度も見る」。それは、苦楽を共にし、将来の夢を語り合った友だちの夢であった。友だちは津波でいのちを奪われ、忽然と姿を消してしまった。

家の流失、戻らない環境、親の失職と突き付けられた現実の中で、進路を決定しなければならない時期にきていた。岐路に立たされ、これまでの不安が一層強いものとなって襲ってきているように思われた。ひたすら、心情を吐露する子どもの声に耳を傾ける。――どれだけ友を大切に思ってきたか。将来、どんな自分でありたいか気づいてほしい――。つらさや苦しみを受け止めながら問いかけ、話しかける。肩に手をかけ、身体の緊張をほぐしていく。身体のこわばりが解けはじめる頃、うっすらと顔が明るくなるのを感じる。チャイムが鳴る。何事もなかったように子どもは教室に戻っていく。

その後もその子どもは何度も保健室を訪れた。もう夢は見なくなったと話す。けれども、すべてが解決されたわけではない。しかし、少しずつ少しずつ子どもたちは、自己の課題解決に向かって力を出しはじめてきているように思えた。

14 丁寧に関わる

養護教諭は、子どもの言葉や表情、一般状態から、教育的ニーズへの接近を試み、子どもの言葉や訴えに耳を傾け、その解決を子どもと共に紐といていく援助を行っている。

震災後の子どもたちの背景要因は、多様化し複雑に絡み合っている。個人の対応に加えて、援助の重層化をすすめていく必要がある。教職員間や外部専門家等との連携のために、その仲立ちをすることも、課題解決のための援助でもあると考える。

子どもの様子をみると、睡眠不足や朝食抜き、遅刻、欠席などの生活上の問題、学習の困難さの問題、友人関係、家族関係、性の問題、薬物の問題、携帯電話・ネットでのトラブル、身体的な問題（病気や障がい）、発達の問題など、個人レベルの段階から集団のレベルまで問題が絡み合っている場合もある。

しかも、保健室で看る子どもは、感情の中に「自分一人だけが」という思いが絡んでいるため、その対応に苦慮することが多い。

ただし、震災に遭って大変だ、という思いにばかり浸ってはいられない。教職員は発達段階に応じた成長を促す役割も果たしていかなければならない。非日常的な生活から、子どもたちに日常的な生活を取り戻させることも教職員の役割である。生活面での身辺自立に向けた援助や食育、性教育、薬物乱用防止教育、情報モラル教育は、今後の人生観に影響するものであり、震災前よりもその必要性は大きい。今、それらに対応した指導が行われている。

「なぜ、ここに避難しなければならなかったのか」。その答えは、放射線教育の中で子どもたちに伝えはじめている。

学習の問題は、特に深刻である。「先生、覚えたけど、次の日になったら忘れてる。どうしたらいいんだ」と切実に訴えてくる子がいる。先生がそれぞれの特性を見つけ出すことをしなければと気づきはじめた。子どもを理解しようと動き出した。放課後のバスでの下校時刻まで、職員室も、校長室も、保健室も個別の学習支援をする先生方の声が飛び交っている。

生徒の意見発表があった。「もうできないと思っていた中体連の参加ができた」「文化祭で規模は小さかったけど合唱コンクールができた」「スポーツ大会もできた」と以前のように行事を行うことができた喜びを全校生の前で伝えた。そこには、「先生方のおかげで」という言葉が添えられていた。

子どもたちと真剣に向き合うことは、教師側の理解や認識だけでなく、子ども理解と信頼関係に深く関わることになる。この信頼こそが子どもの課題解決を自らがやっていこうとする力につながっていくのではないかと思っている。

震災復興や原発事故の収束がない中であっても、子どもの成長はとどまらない。教師も子どもたちの成長に寄り添い、ここから巣立ちゆく子どもたちに、風評被害からの軋轢《あつれき》に屈することがないように、放射線被ばくのから不安を払拭し、この地で生きてきたこと、生活してきたことに自信を持って生き抜いていく真の生きる力を持つことができるよう、丁寧に関わり続けなければならないと感じている。

第2章

揺れる子どもたちの心

安部雅昭

あべ　まさあき◉星槎名古屋中学校校長。星槎大学特任講師。震災後、特に津波による犠牲者の多かった相馬市の小・中学校で、スクールカウンセラーとしてメンタルヘルスのサポートをしている。

1　学校の再開

震災後、通常より2日遅れて再開した学校で、新しい年度の学校生活がスタートした。スタート当初は情緒が安定しない子どもたちも見られ、大人も対応に困惑していた。筆者はスクールカウンセラーとして、相馬市内の学校の子どものＰＴＳＤ予防と早期対応の任を受け、メンタルサポートを中心とした介入をはじめた。

スクールカウンセラーとして支援していた学校は高台にあり、津波による被害は全くない。しかし、学区内の多くの地域が津波による被害を受けていた。そのためにこの学区の子どもたちは家族と共に、避難所での生活をしている。当初、子どもたちは、こうした避難所の設置された地域の学校に通うことで、学校生活を再開することも提案された。しかし、「自分の学校に通学して学びたい」という子どもたちからの要望が多く、元の学校が再開された。

しかし、学校が再開されても、子どもたちが自力で通学をすることはできなかった。そのために、応急仮設住宅から学校に通う際に、スクールバスが運行されるようになった。このスクールバスは、各地域を巡回して学校に向かうために、1時間以上かかる生徒もいた。

スクールバスは、かつて子どもたちが住んでいた、そして今は何もない瓦礫《がれき》だらけの海辺の町の中を走っていた。子どもたちは、毎日そこを通っていたので、毎日が震災の再体験をしているかのようであった。そのために、「震災のことを思い出したくないので、窓の外を見ないように下を向いていた」「気を紛らわすために友だちと話をしている」とか、「本を読んでいた」などと生徒たちは話していた。

津波があったことを、みんなで何気なく話せるような状況にはなっていなかった。また、震災のあった年の5月に地震による津波警報が出たことを想定した避難訓練が行われた。校庭に避難する際に、それまでにも不定愁訴が見られた女子生徒の数名が、震災を思い出して涙する場面が見られた。避難訓練によっての再体験であった（ちなみに、避難訓練による再体験は、翌年の2012年から全く見られなくなった）。

2　カウンセリングの実施

このような子どもたちには、カウンセリングが必要だと思った。しかし、カウンセリングは敷居が高く、子どもたちは自らのことを気軽に相談することができなかった。それは、一般に児童生徒にとって、カウンセリングとは精神的に病んでいる人がするものという印象が強いからである。これは大人にも同様のことが言えた。

そこで、全校児童生徒のストレス状況のスクリーニングを兼ねて、健康チェックと称してカウンセリングを実施した。その結果、不定愁訴（頭痛・腹痛・食欲不振・眠れない・イライラする）を訴える児童生徒の存在が明らかになった。小学校高学年以降の児童生徒の中には、周囲の状況を察して、心身の不具合を口にできない子どもたちもいた。この状況の中ではすべての心身不調が震災と関連づけを強める可能性もあったために、まずは不定愁訴を解決するために、健康状態の改善に向けて、現状では何ができるのかを確認し、１回目の面接を終えた。

忘れてはならないのは、子どもたちと同様に教員も被災していることである。学校での日常生活を取り戻すために、無理を押して活動してきた教員たちの精神的負担も非常に大きい。しかし、先生方は職業柄、自ら望んでカウンセリングを希望することはしにくいようであった。また、自らのことを話すカウンセリングに対しては、抵抗を感じやすいようでもあった。

そこで子どもたちと同様、全教員に対して健康面のチェックと生徒指導上の課題を中心とした面談を行った。その結果、体調面に不調が出ていた先生の多くはもともとの持病を患っていることや、真面目な性格の先生がメンタル面に影響が見られることがわかった。この全員面接の後は、日常の勤務の中で、個室以外の場所で気になる先生方のカウンセリングをするように心がけた。

3　ストレスアンケートと心理教育

どんな状況においてもストレスは感じるものであり、多くの場合、自らの力で自然に回復していく。大きな自然災害の支援は恒常的なものではなく、いずれはなくなっていく。そのためには自らの力で困難を乗り越えていく方法を身につけていくことが大切である。

そこで、生徒と教職員と希望する保護者を対象に、学校管理職と筆者と共に心理教育を行った。ストレスの仕組みやストレスの対処法についてどのようにして乗り越えるか、気分転換だけではなく課題解決の方法が様々あることを伝えた。また、試験前や試合の前などの緊張が高まる場面において、セルフリラクゼーションを行うことは有効であることを伝えた。ペアで行うワークをとりいれ、自分が一人ではないことを体感してもらった。ワークの後には、心とからだのストレスに関するアンケートを行った。

4　被災地へ向かう

ここで、なぜ筆者が被災地支援に向かうことになったのか、簡単に述べておく。地震が起きた時に筆者は神奈川県に勤務をしていたが、2007年3月まで星槎国際高等学校の東北（郡山学習センター：福島県郡山市、仙台学習センター：仙台市宮城野区）の二つの学習センター長として勤務していた。ここでの卒業生は1000名を超えており、東北には多くの教え子たちが住んでいた。震災後、まず卒業生やその家族の安否が気になり、かれらに連絡を試みたがなかなか連絡がつかなかった。電話は不通、メールもレスポンスが遅いという状況の中、SNS（ソーシャルネットワークサービス）や掲示板などをフルに活用した。

こうした中で、3月13日になってから徐々にメールの返信が届きはじめた。14日にはほぼ全員の生存が確認できた。3月14日午前7時29分の卒業生のひとりからのメールがきたが、そこには次のような記述があった。

「明日以降の雨、雪には皮膚を絶対に当てないように、危険な化学物質と放射線が大気中に沢山あるという知り合いの自衛隊員からのテレビやラジオでは流していない情報です」
「また、医師からの情報です。これからはしばらく海藻類を食べ続けてください。海苔や海藻に含まれるヨウ素を十分にとっておくと放射線が身体に吸収されずに排出されます」
「チェルノブイリの時よりも酷い大事件らしい。チェルノブイリの時は、日本から海苔が沢山送られたそうです。効果があるようです。できるだけみんなに知らせてください」

この時は不安をあおるようなチェーンメールと思っていたが、しばらくして原発事故の現状が明確になり、隠されている情報があることを実感した。その後も沿岸部に住んでいる卒業生の数名は消息がつかめなかった。そんな中、3月18日にはこんなメールも届いた。

「こんな時ですが…報告させてください。3月17日17時10分無事に女の子を出産することができました。まだまだ、余震も続き。原発も不安ですが、この子の成長を見たいので精一杯生きていきたいと思っています。これからもよろしくお願いいたします」

新しく生まれた命に支えられながら頑張っている卒業生もいることを知り、子どもたちが安心して健康で生活ができる地域社会の復興のためには大人が頑張らなければ、という思いが強くなった。

このような思いから、筆者は、まずは支援物資（衣料、食料、カセットコンロ、燃料等）を届けるべく、緊急支援車両で福島県と宮城県に向かったのである。

5　子どもの心の支援へ

やがて緊急状態を脱し、インフラの整備が進んできて物流が正常化しはじめてくると、今までにない大きな災害に直面する子どもの心のケアが問題となってきた。特に福島県の子どもたちは、地震・津波・原発事故の三重苦にあった。福島県は私の自己実現に最も大きな力を与えてくれた地であり、何か恩返しができることはないかと思っていた。そんなある日の出勤途中、星槎グループの宮澤会長から「今なにしてるの？　今から相馬にきて！　詳細はあとで！」と電話が入った。これが、相双地区（福島県の沿岸部）での筆者のスクールカウンセラーとしての活動の始まりであった。

震災後、通常より2日遅れで学校が再開されたことは冒頭に述べたが、学校の先生や子どもたちはみんな一生懸命に、非日常的な生活から日常生活を取り戻そうとしていた。インフラが整備され一応の生活が確保された時期よりも前から、学校の先生や子どもたちは、ちょっとしたスペースを作って学習したり、よさこい踊りなど一緒にひとつのものを作り上げていこうとしたりする活動が行われていた。

さらに、震災直後の避難所生活は、決して短い期間ではなかったが、合宿生活として楽しんでいる子どもたちも少なくなかったのも事実である。学区のコミュニティーが同じ避難所で生活をしていることで、共感性が高まり孤独感が緩和されていたことは、子どもの予後にプラスの影響があったのではないかと思われる。実際に、避難所生活を楽しかったと語る子どもも複数いた。

ただし、子どもたちの心のケアが必要なことは、様々な場面で認識された。ある学校では津波によって7名の子どもが亡くなった。そのうちの4名は発達障がいの傾向が見られる子どもであるとのことであった。発達障がいのある子どもたちは場面にあった行動が取れなかったり、衝動的な行動やパニックによって正しい判断ができなかったりする場合もあり、危機回避におけるリスクファクターとなっているのだとも考えられる。

またこの地域では、高機能広汎性発達障がいのある子どもたちを、緊急時に見るという受け皿がなかった。高機能の子どもたちは知的な遅れがないため、周囲から理解がされにくく誤解を受けやすい。しかし専門性を持って適切な指導を行うところが少ない現状がある。緊急時に適切な教育支援がないまま、日常的に失敗体験が多くなり、自分自身を否定的に受け止め、自分はダメな人間だ、役に立たない、何もできないなど、自己不全感につながり、自尊感情を低下させてしまう。それによって不登校やひきこもり、うつ病などの二次障がいが出てしまう可能性もある。

こうした問題は、震災が起こる以前からあったが、震災によってより先鋭的に表れてしまう。安心・安全が確約された中で適切な教育を受けることができる環境とメンタルサポートが必要であった。

6 専門性の活用と連携

学校が混乱している中で、子どもたちのためにとの思いで心のケアに関わる活動始めた団体が多数あった。それぞれの団体は、当然だが、善意によって活動を行っていることは間違いない。しかしながら学校によっては、複数の団体が介入し混乱したケースもある。カウンセラーもそれぞれが得意とするスタイルがある。それぞれの専門性を活かしながら、連携を取り合って心のケアに取り組んでいる学校には、幅の広い介入が行われ、心のケアがスムーズに実施され一定の効果を上げていた。しかし、突発的に入ってくる団体とは連携がしにくいことが多く、学校によってはクライアントの取り合いのような状態があったのも事実である。

その調整役を学校の先生方が行っていて、余計な負担となっているところもあった。確かに複数の目で多面的に子どもたちを見る（看る）ことはとても大切であるが、情報が共有されず、様々な関わり方を行うことで生徒や先生方は混乱することになる。また、被災した地域において共に生活をしながら共感的理解を深め、時間をかけながらラポールを形成しサポートを行っていくことの方が効果が高いのは当然である。専門性も大切であるが共通の目的を確認し、継続して関われるカウンセラーを中心としたサポート体制を作ることがやはり大切である。

7　家族との関係

家族や学校の仲間たちとの関わりの中で、子どもたちは育っていくことを改めて感じた。大人が共同生活での疲労が出てきている中で、仮設住宅に移り、パーソナルスペースが確保されることは、精神的にとても良い影響が大きかった。相馬市では多くの家族が、２０１１年６月に入居できた。

子どもたちは津波の心配がなく、安全が確保されている応急仮設住宅の集落で、多くの友人が周りにいるような環境もあり、お互いの生活に共感できるようなことも多かった。ここでは孤独感を感じることは少なかったのだ。しかし、思春期を迎える子どもたちにとっては、これまでの住宅環境と仮設住宅の環境とでは、あまりにも大きな違いがあった。震災前、かれらの多くは、比較的広い自宅で過ごしてきており、自分の部屋もあった。ところが仮設住宅では、個室はなく、親との距離感が取れず、物理的な面から生じるストレスを抱えることが多かった。

ただしその反面に、保護者との関わりが深まった面も認められる。しかしながら、祖父母等の家族内の関わりにも変化が見られ、大人の争う場面を目のあたりにすることも少なからずあったようだ。震災後に家族仲が悪くなったと訴える生徒もいた。

8　子ども同士の関係

震災直後や避難所での生活は、すべて一人で体験するのではなく普段のみんなと共に時間を共有し、共感を覚えることでもあった。一緒に過ごすことで、孤独感や孤立感を感じることがなく、ＰＴＳＤを発症することなく乗り越えてきたようにも感じられる。

学校行事も大きな役割を持っていた。震災直後当時、学校行事は授業時数の確保が難しいことや、教職員への負担がかかるとのことから軽減されていた。しかし、様々な団体が、学校へ支援に入ることによって、行事の実施が可能になった。子どもたちにとっては日常では体験できない様々な経験をし、自分たちも活躍する場面ができたのである。これは子どもたちの大きな成長へとつながった。これはこの震災によって得られた機会であり、まさにＰＴＧ（問題状況後の成長）へとつながったケースも少なくない。ただし、学校の教職員にとっては、受け入れの準備や生徒指導、行事後のお礼など負担が大きかった。学校への支援は、教職員に負担をかけないような心遣いが必要であることを痛感した。

震災後初めての秋の文化祭においては、生徒たちは震災前の街を振り返り、そして、未来の街をどのようにしていくのかをテーマとして取り組んだ。この時は事前に、担任の先生から、情緒面でまだ不安定な生徒もおり、このテーマはまだ早く不安もあるとの相談を受けたが、生徒がみんなで一緒に作業しながら振り返り、新たな街を想像し話し合うことは大切な機会であると判断し、実行した。生徒は写真を見ながら懐かしむ場面が見られたが、新たな地域をどのようにしていくかを話し合う前向きな姿が見られた。この時は震災後8か月経過していたが、不定愁訴は見られず、子どもたちはそれぞれが現状を受け止め、日常生活をしていたようだ。

9　3年目を迎えての学校の評価とニーズ

スクールカウンセラーとして相双地区に通うようになって3年目を迎えた。そこで、現状においてどんなニーズがあるのか、また筆者たちの活動に対してどう思うかを問うアンケートを行った（表1）。たくさんの感想が寄せられているので、以下で紹介したい。まずはメリットからである。

- 専門的な見地から児童の心理的成長や人間関係などの具体的なアドバイスが教育現場に生かせた
- 教職員とは違った立場で児童は気軽に専門的な視点で相談等を受け、心の負担が軽減した
- 相談できる安心感があった
- 悩みを一人で抱え込まなくてよい
- 心理検査の解釈と保護者への伝え方のアドバイスが参考になった

・教員と協力して児童生徒に関わっている
・子どもの面談結果について情報交換ができ、心が落ち着く
・生徒指導について気軽に相談でき、アドバイスによって意外な発想に気づき、自分の考えをポジティブに切り換えることができた
・子どもの違った一面を知ることができる
・授業中の様子を見てもらったり、個別に児童生徒に声かけをしてもらったりして助かる

一方で、改善点も指摘された。
・ゆっくりと児童生徒の事を話す時間がほしい
・カウンセリングには、相性が合う合わないがある
・カウンセリングする時間がかかってしまう
・慎重な対応でゆっくりと感じる

このようなカウンセリング介入で気づいた点も多かった。例えば、児童生徒のカウンセリングのニーズに関しては、以下のようなものがあった。
・児童生徒一人ひとりに様々なニーズがあり、個人差も大きい（個別的な支援が必要な児童も存在）
・中学校進学に向けての不安が大きい

・友だち関係や学習面、家庭のことでの困り事がある
・生活背景が複雑化しているケースが少数存在している

保護者のカウンセリング・ニーズにも気が付いた。
・放射線に関わる不安（子どもの将来、食の安全、日々の活動制限など）
・障がい児を持つ保護者のわが子の特性や対応のしかた、将来への展望を知りたい
・子育てに関しての不安（しつけや接し方）の解決のしかた
・思春期の子どもへの声かけや接し方
・一人で抱えている悩みの相談
・子どもの未来への不安
・専門的な意見が聞きたい
・転居、出産などによって家庭環境が変わった保護者の相談
・問題があった時に気楽に話し合える場や相談できる場がほしい（気負わずにカウンセラーを活用できるというニーズが高い）

さらに、教職員にもカウンセリング・ニーズが見受けられた。
・児童生徒の行動や心の状態への専門的な知見からの具体的な対応方法の助言

表１　被災地における教育現場での支援ニーズ

【ニーズ】	A市（55名）	B市（26名）	全体（81名）
震災の影響によるメンタルケア	47.3%（26名）	46.2%（12名）	46.9%（38名）
日常的なメンタルケア	81.8%（45名）	73.1%（19名）	79.0%（64名）
不登校予防・対策	32.7%（18名）	53.8%（14名）	39.5%（32名）
問題行動予防・対策	52.7%（29名）	42.3%（11名）	49.4%（40名）
個別指導計画の作成	10.9%（ 6名）	11.5%（ 3名）	11.1%（ 9名）
発達障がい児者への指導	41.8%（23名）	46.2%（12名）	43.2%（35名）
保護者支援	56.4%（31名）	65.4%（17名）	59.3%（48名）
学習支援	34.5%（19名）	23.1%（ 6名）	30.9%（25名）
ソーシャルスキルトレーニング	32.7%（18名）	34.6%（ 9名）	33.3%（27名）
認知特性のスクリーニング	5.5%（ 3名）	7.7%（ 2名）	6.2%（ 5名）
キャリア教育	10.9%（ 6名）	15.4%（ 4名）	12.3%（10名）
心理検査	18.2%（10名）	23.1%（ 6名）	19.8%（16名）
その他	1.8%（ 1名）	3.8%（ 1名）	2.5%（ 2名）
【カウンセラーの配置希望日数】			
週１日	7.7%（1名）		
週2〜3日	38.5%（5名）		
週4〜5日	46.2%（6名）		
必要時に派遣	7.7%（1名）		

アンケート対象者：星槎グループが支援を行っている11校の小中学校教諭（83名から回答有）
実施方法：無記名にて現状のニーズを問うアンケートを実施し、養護教諭等が期日までに回収
アンケート実施日：2012年2月末～３月上旬（星槎グループ相双特命室が実施）
＊カウンセラーの配置希望日数は管理職（校長及び教頭、学校によってはどちらか1名）にアンケートを実施

・教員が前向きな気持ちで指示できるように元気を与えてほしい
・データ的な根拠に基づいて生徒理解や指導・学習支援の視点を加えたい
・疲れが出てきているのでフォローしてほしい（メンタルサポート）
・特別な支援を要する児童生徒への指導方法を獲得したい
・管理職の先生からは教職員のメンタルサポートが必要とのニーズが多い

10 これからの課題

筆者がスクールカウンセラーとして入った直後、学校では心療内科などにかかっている生徒が数名いることが報告されていた。しかし学校生活が日常化し、仮設住宅での生活が落ち着いてきた頃から通院する生徒はいなくなった。

しかし、避難所生活による物理的な距離感が縮まることで、コミュニケーションを苦手とする生徒が、キレる・幻聴が聞こえる・被害的な妄想が大きくなるというようなことがあった。筆者が定期的にカウンセリングを行って気付いたことは、このような状態の多くは、幼少の頃からの人間関係や学校でのエピソードによって、マイナス面の記憶のみが突出して思い出され、広汎性発達障がいのタイムスリップ現象を起こしているような状態であったということだ。この状態のままでは改善が見られないと判断し、管理職と相談の上、医療機関へとつないでいった。医療機関における治療がスタートすると、生徒の表情は穏やかになり、パニックは減少した。しかし、一方で、薬による影響から活力がなくなってしまったようにも見えた。そこで引き続き、認知の変容を行いながら現状の受け入れができるように支援していったところ、最終的には大学へ進学し学生生活を楽しんでいる。

震災後にストレス症状が出ている生徒は、発達課題があったり、家庭環境に問題があったりなど、複雑な課題を日常的に抱えているケースが多い。こうした従来から抱えている課題を解決する力を身につけることによって、大きな災害にも対応できる、生き抜く力を備えた子どもたちになっていけると考える。

スペシャルレポート1

高校教師から見た子どもたち

福島県立新地高校教諭（震災当時は福島県立相馬高校）◉高村泰広

はじめに

相馬高校では、2011年3月11日の東日本大震災直後、我々教員は、生徒へのカウンセリングを行うことなど全く考えにも及ばなかった。しかし、1週間も過ぎると状況は刻々と変化していた。私は、10日前の3月1日に卒業生を送り出した。震災直後は、自分の卒業生クラスの安否確認は当たり前のことであったが、その後、卒業生の進学または就職について、その確認をすることになる。一つのケースとして、仙台の医療系専門学校へ進学が決まっていた卒業生がいたが、この震災による津波で自宅が流された。そのため進学をあきらめ、関東圏に住んでいる姉のところへ行き、今後について考えるという。この件について、私は何も意見することができなかった。約半年後、都内の被災者支援のある専門学校へ進学したいと来校してきた。私は、現在の家族の状況を聞いて調査書を発行して、手渡した。その際、過去の詳しい話をすることはできなかった。

もう一つのケースとして、同様に、津波で自宅は流されたが、予定通りに仙台の医療系大学へ通うと話していた生徒がいた。半年後に母親と話をする機会があったのだが、このような時だからこそ、子どもには不自由をかけたくないと話していた。子どもの教育について非常に理解のある両親であり、大学入学に関して、資金繰りに苦労したようではあるが、推薦入試で一早く入学を決めていたので、一般入試よりも負担は少なかった気がしたとのことである。

このように、この震災が生徒の進路や学習環境に大きな影響を与えたのは紛れもない事実である。

担任や養護教員の憂い

震災後3月中は、ガソリンが不足し、教員の移動も不自由な状態が続いたが、担任を含む先生方は、避難所を回りながら生徒の状況を確認したり、携帯メールで生徒と連絡を取り合ったりした。

3月下旬から新2、3年生の担任は、本校在籍継続の意思確認、新入生の担任は、本人の確認と入学の意思確認をしたのだが、この作業が非常に困難であった。この作業と同時に、生徒から学校再開に関する問い合わせが増えてきたが、校舎施設の破損（特に体育館）がひどく、また上水道が故障し断水の状態が続いていたので、この状況では学校再開は困難であると判断し、上水道の復旧の見込みのある4月上旬まで休校ということになっていた。

そんな中、自宅で暇をもてあました生徒たちは、自主的にボランティア活動に参加していた。避難所での支援物資の受入整理から仕分け配布、配膳、清掃であったり、避難所で配布するおにぎりを早朝からお昼頃まで握ったり、介護老人保健施設での簡単な作業であったり、小学校などの施設の片付け、泥かき、清掃であった。生徒たちは何ともたくましく活動していると感じた。近くの小学校で炊き出しの手伝いをしていた生徒は、食材が残りそうなのを気にして、相馬高校の職員室にきて先生方へ呼びかけ、若い先生方を連れて行き、食材の整理に貢献した。

このような状況の中、4月になって上水道が復旧してからは、教員の間では、いつ学校を再開すべきかという点を議論していた。相馬高校は避難所として利用されていなかったが、周辺の小学校は避難所として利用されており、まだまだ再開する様子ではなかった。市内の状況を考えれば、高校の再開が地域住民の意に沿うものなのかどうか、また生徒の中には、いつまで休校が続くのか不安である者もいるだろうということから、4月11〜15日の間、担任との任意での面談週間を設けて、18日から学校を再開した。また、学校再開後も5月2日まで、放課後に面談の時間を設定した。

これら面談の時間を十分にとったことで、多くの生徒はほとんど何の抵抗もなく、震災後の学校生活が送れたと考えられる。学校再開直後、不思議なほど、震災経験の悩みで保健室を利用する生徒はほとんどいなかった。

サテライト協力校

サテライト校とは、福島第一原発事故で半径30キロ圏内にある高校の生徒が、今までの高校に在籍のままで、避難先の近くの協力校の施設内で、同じ高校の仲間と学習を続ける高校のことである。

相馬高校では、5月9日には原町高校の生徒約300名を受け入れ、12日には相馬農業高校の生徒約200名を受け入れた。もちろん、2校の先生方も同時に受け入れた。原町高校の教室には、3つの演習室（物理・化学・生物講義室）と視聴覚室、LL教室を使用した。相馬農業高校の教室は、第二体育館をボードなどで仕切った簡易的な教室となった。2校の職員室は、いくつかの準備室や資料室、共用スペースを片付けた後に利用した。原町高校の保健室は、相馬高校の保健室を共通して利用したもので、相馬農業高校の保健室は、第二体育館に簡易的につくったものだった。

このような状態が夏休みまで続いた。相馬高校の校舎や敷地内は3校の生徒、職員が一堂に生活しており大変混雑していたが、人間関係で問題となる点は特になかった。ただ一つ何となく気まずい雰囲気があったとすれば、転校によって、身近にいた親友が異なる制服を着ているということであろう。

この頃、震災の特例で転校に関してかなり自由度が高かった。震災時は、原町高校に在籍していたが、転校して、原町高校生が相馬高校に通って学習する頃には、すでに相馬高校の制服を着て同じ校舎内にいることになり、お互いにどうもしっくりこない様子であった。転入学試験合格発表当日の放課後に簡単なオリエンテーション、担任との面談、制服の試着、必要な文房具を渡した。通常では考えられない手続きの早さであった。この時に非常にありがたかったのは、卒業生が、被災した在校生のためにと制服を寄付してくれたことだ。震災当時、在校生は冬服を着用していたが、夏服を津波で流された生徒も少なくなかった。こうして被災した在校生は、卒業生の制服を想いとともに受け継いだのだ。

学校が再開されてから、制服の受け渡しがあったが、特に問題なく終了した。このような感じで、転入生にも卒業生の制服を渡した。卒業生の何気ないこの行為が、被災した在校生や転入してきた生徒の家庭の負担を軽くしたのは言うまでもない。

新地高校でのカウンセリング

私は、2012年度に新地高校への勤務となった。新地高校に通う生徒の家庭環境は複雑な場合が多く、この震災でさらに複雑になった。また、自分の思いや感情を相手に伝えることが非常に苦手であり、上手に人間関係がつくれない生徒が多いことがわかったので、様々な支援団体のカウンセリングを受けることにした。カウンセリングだけではなく、ライフスキル講座を適宜開催して、生徒の自尊感情を育てる手立ても行っている。

JAMSNET、YWCA、星槎グループから継続的な支援を受けている。特に、星槎グループについては、相馬市、南相馬市内の中学校にスクールカウンセラーとして派遣されているため、新地高校に入学した生徒について情報交換ができることが非常にありがたい。このようなネットワークが、震災後の生徒のケアに役立っている。

第3章 浜通りで心のケアをすること

西永 堅

にしなが けん◉星槎大学准教授。2011年5月より、NPO法人相馬フォロアーチームの一員として、相双地区の子どもたちの心のケアを行っている。

1 不安

人は先が見えない時に、大きな不安を抱く。よく、自閉症スペクトラムと言われる子どもたちは、急遽の予定の変更に大きな不安を感じ、落ち着きをなくすことが報告される。しかし、それは自閉症スペクトラム障がいに限った問題ではなく、私たち大人も同じである。たとえば、駅から歩いて15分かかるという初めての場所に行く場合、行きはとても不安で遠く感じるが、帰りは見当識があるため、近く感じることがないだろうか？　それほど未知の経験は、不安を抱きやすく、視野を狭めることも多い。

このような観点から言えば、大震災の時において、直接的な被災者ならば不可避であるが、テレビや新聞、インターネットから情報を得た者が、怒りという感情を抱きつつ、政府や行政批判を繰り返すことが、はたして被災者の不安を解消できたのかと大きな疑問を持った。特に東日本大震災の場合は、放射線被ばくという専門家でも実態がよくわからない概念を、冷静な科学的評価を行っていくことが何よりも大事なことであると考えるが、政府は情報を隠匿しているといった情報の氾濫は、根拠が明確であれば大事なことであるが、推測で広げられてしまっては、被災者はより不安になってしまうのではないだろうか。

我々、支援者の役割は、科学的な情報に基づき、異なる立場を誹謗《ひぼう》中傷せず、不安を少しでも減らすことができる建設的な活動を行っていくことであると考えている。

また、震災後であろうと、震災前であろうと、人がいればそこに対人関係の問題は必ず生じる。たとえば、親戚関係や隣人関係である。確かに、避難されたということで、今までの環境と異なることによってそれらの問題が生じることがある。それらの問題に対して、上手に解決できるように支援するのが我々心理を専門とするものの役割だと考える。震災後に起こる問題のすべてが震災によるものだと認知することは、かならずしも、心理支援につながらない。

たとえば、ＰＴＳＤといった問題もそうである。ＰＴＳＤの定義は、２０１３年５月に発刊されたＤＳＭ-５では以下にまとめることができる。６歳以下とそれ以上では多少定義が異なるが、外傷的な出来事を直接経験したり、それを目撃したり、ごく身近な者が暴力的なことや事故によって生命が脅かされたりしたことを学習してしまったり、テレビなどのメディアを除き、複数回それらの出来事を経験してしまうことなど、死や重傷、性的暴力などに実際さらされたり、その危険性にさらされたことが第一条件である。そして、その外傷的な出来事に関連して、その出来事以降に、その出来事の記憶が繰り返されたり、無意識的に思い出されたり、苛《さいな》まれたりすることや、夢に見たり、フラッシュバックのような分裂的な反応があったり、心理的苦悩が激しかったり長く続いたり、心理的反応が見られたりする。その出来事に関して考えたり思い出したりすることを避けたり、それらを思い出させる人や場所や会話を避けたりすることなどが見られ、認知面や情緒面がその出来事が起こる前と比べて悪化したり始まったりする。

これらの症状が１か月以上続き、これらが社会や仕事、その他重要なことに関して、臨床的に明確に苦悩をもたらしていたり、障がいになっていたりし、それらは、薬物やアルコール等の物質的なものや、他の心理的な状態に引き起こされているのではない。

２０１３年12月現在、我々が相馬フォロアーチームとして関わっている小中学校において、ＰＴＳＤと診断された児童・生徒は基本的にいないようだ。これに関しては、心理的な関わりがＰＴＳＤを避けることができている結果なのか、まだ明確な結果が見られていない時期なのかはわからない。ただ、私としては、現在の状況をＰＴＳＤの症状を持つ子どもがいないのか、それとも、ＰＴＳＤ

という概念が適切だったのかということが議論されていくべきであろうと考える。

もし後者だった場合、ただでさえ不安状況が高い被災された方々に、新たに不明確なPTSDという概念で不安を加えていたのであれば、それも大きな問題ではないだろうか。そして、新たな病名を受けたりすることによって疾病利得といった状況が生まれてしまったとすれば、新たな障がいを生んでしまったのは、震災のせいでも本人のせいでもなく、周りの支援者が原因であると考えられよう。

2 復興ではなく成長を支援する

筆者は、以上のような考えのもと、子どもや教師の不安をやわらげることを目標に、2011年の5月より毎週2日間、相馬市内の小学校へ心理支援に通っている。その年の9月からは毎週から隔週に変更させてもらったが、2013年12月現在も通わせていただいている。

まず当時の校長先生の許可をいただき行わせてもらったのは、筆者が専門としている特別支援教育に関してや子どもの認知発達に関する情報をお伝えするための、放課後30分ほどの勉強会〈4回〉であった。自分のアプローチを理解していただけたならば、先生方から少しは信頼してもらえるようになるだろうと考えたからである。

心理支援には、信頼関係がもっとも大事であると考える。被災地においては、数多くの専門家が心理支援に来てくださった。ただ、やはり継続性という観点からいうと難しい点もあった。初対面の人に、安心して話ができるかと言えば、それが専門性なのかもしれないが、クライアントとしては難しいであろう。また、新しい専門家が来るたびに、被災状況や遺児・孤児の状況を繰り返し説明しないといけない教師のストレスもけっして小さくないと考えられる。そのような意味で現在3年目になるが、こうして同じ学校に継続して来させてもらっていることに、私の勤務先である学校法人やその他多くの理解をしてくださる方に感謝している。

私の専門は特別支援教育であり、発達に遅れがある子どもたちの支援である。いわゆる障がいがある子どもたちへの支援は、リハビリテーションモデルではなく、造語であるがハビリテーションモデルにもとづいている。この違いは、前者は、問題点を見つけそれを改善していくことが目標になるが、後者は、0からのスタートで、新しいものを作り上げていくというポジティブモデルである。ただ、被災地支援では、やはり復興という言葉が用いられるように、リハビリテーションモデルであろう。しかしながら筆者は、被災前の原状回復がベストだとは思えなかった。それよりは新しい価値観を作っていくことが何よりも大事だと考えた。いわゆる私の専門分野の問題である「障がい受容」という問題と同じだと思う。障がいがない人は、障がいがある人たちは障がいを受容すべきだと考えがちである。しかし、障がいというネガティブな価値を受容することは容易なことではない。ましてや他人に言われる問題でもないと考えられる。しかし、ポジティブな側面を受容していくことは、ネガティブな価値観を受容するよりは容易である。そしてその応援や支援は被災者ではないものもしやすいのではないだろうか。

筆者が福島県の相馬市にできることなどわずかなことであり、震災前の相馬の状態に戻すことも不可能である。したがって、震災はとても悲しい出来事であり、それは忘れることもポジティブに捉えることも難しいと考え、それはそれであり、震災前後関係なく、福島県相馬市において、何か発展できるお手伝いができればと考えている。したがって、現在学校に行かせてもらっている目的は、震災支援だけではなく、私の専門である特別支援教育の推進の支援も目的となっている。

3 相双地区へ向かった動機

筆者は、いわゆる日本心理臨床学会が中心となっている日本臨床心理士資格認定協会の認定する臨床心理士ではないが、学部では心理臨床を専攻しながら、知的障がいなど発達障がいがある子どもとその家族支援を学んだ。大学院では、「障害児教育（当時の名称）」が専攻になったが、心理学をベースとしながら、特別なニーズのある子どもたちとその家族の支援の研究を行ってきた。それは、星槎大学に就職後も変わっていない。

さて、私が大学に入学した日の3か月前、1995年1月に、阪神・淡路大震災が起きた。今回の東日本大震災においても、阪神・淡路大震災が心の支援のはじまりだったと報道されることもあるが、被災した子どもたちが震災の絵を描くことなどが話題になっていた。

私の記憶では、大震災の当日の朝の報道では、被害状況をそれほど多く把握できていなく、次第にその被害状況の大きさが明らかになっていったのであるが、マスメディアの対応も後手に回っていた印象であった。その後、被害が明らかになるにつれ、マスメディアの報道は、その当時の首相が日本社会党の党首だったせいもあるかもしれないが、政府の対応、行政の対応の遅れに対して非常に攻撃的で厳しいものだったと感じた記憶がある。もちろん、対応が不十分な点は指摘されなければならないし、それもマスメディアの役割だと思う。しかし、それ以上に、国の危機への対応は、政局よりも重要なことであり、与野党にかかわらず、また、官民にかかわらず、前向きに取り組んで行かなければならないのではないかと私は思っていた。なぜならば、震災により被災者は激しい悲しみと激しい怒りを感じるわけであるから、それらを煽《あお》ることだけは避けなければならないのではないかと考えていたからである。

その後、私は大学で、精神分析や来談者中心療法など、いわゆるカウンセリングとは違う立場の心理学を学んできた。特に、行動分析学という、人間や動物の行動の原因を心の奥底に求めることはせずに、行動は個人（個体）と環境の相互作用において維持されるという考え方に大きく影響を受けた。そして、限られたコミュニケーションスキルやこだわりが強いことを特徴とする自閉症と呼ばれる子どもたちと関わっていく中で、かつては、自閉症の原因は、親の育て方やつらい経験を通して心的外傷の結果と言われていた時代もあったのであるが、そうではなく、認知発達の遅れや偏りによってそのような行動を示すのではないかということを学んできた。

そのような自閉症の捉え方は、20世紀が終わり、21世紀に入り、自閉症スペクトラムというより広い考え方になってきた。日本でも特殊教育から特別支援教育へと教育システムが変わり、そして今後インクルージョン教育につながっていくためにも、従来の養護学校や特殊学級に在籍していた児童、生徒たちだけではなく、通常学級に在籍している子どもたちの中にも、そのようなニーズがある子どもたちがいることが理解され、支援が行われるようになりつつある。そして、子どもが自閉症スペクトラムなど発達障がいであろうとなかろうと、すべての子どもたちへの支援において、このような認知発達の観点が重要になってきていることが指摘できる。

さて、私は、東北大学大学院教育学研究科の博士課程に2年在籍した後、星槎大学の開学とともに北海道芦別市に住所を移したのであるが、仙台など東北における思い入れがあり、ぜひ自分が学んできたことをこの震災支援に活かしたいと思っていた。そのような中で、星槎グループでは、地震と津波と原子力発電所の事故という三つの苦難が生じた福島県相馬市において活動を行うことになった。

阪神・淡路大震災と東日本大震災の違いは、私自身が、学生であった時と大学教員という現在と立場が大きく異なっているのであるが、前述したように、子どもへの支援という形が変わりつつあるという点があり、また、震災後にそのことについて聴き心理的ストレスをやわらげると言われたディブリーフィングの是非なども時代によって異なっている。しかし、一番大きな違う点と言えば、福島第一原子力発電所の事故の影響であろう。

この原子力発電所の事故に対する、マスメディアの対応は、各社によって違いはあったが、震災直後のマスメディア全般の対応はほぼ冷静であったと私は感じていた。しかし、阪神・淡路大震災との大きな違いとしては、テレビや新聞のマスメディアだけではなく、個人によるツイッターやフェイスブックなどインターネットをつかった情報提供が時代を反映していて、結果的に非常に不安を煽ることになっていたのではないかと私は考えている。もちろん、政府が何らかの理由で情報を秘匿している危険性も考えられるであろう。しかし、何が真実かは誰もわからない状況で、責任を取らなければならない立場の人間が、不確定な情報を流すことの責任と、その立場にあるものを無責任に中傷することが許されるのであろうか？　危機であればあるほど、冷静に判断することが最大数の人間を救うことになるのではないかと、大きな疑問を持ったのは阪神・淡路大震災の時と同じであった。

4　認知発達という視点

認知を一言で説明するのは難しいが、文字通り解釈すれば、知識を生かして認識することと考えられる。つまり、人間は外から様々な刺激を感覚しているが、それを過去の経験や学習によって認識している。例えば、文字や言葉などはその典型であり、我々は、日本語を話したり、読み書きができたりする。しかし視覚や聴覚には問題がなくても、アラビア語などのように未学習の言語を聞いたり見たりしても、それを認識することができなかったりする。したがって、言葉の発達は、このように経験や学習が大きく関連しているため、個人差が大きく、言葉の発達が、平均的な発達と比べ有意に遅れている場合を発達障がいと呼ぶようになっている。

また、認知は、言語のほか、知覚、思考、推論、記憶、学習、問題解決などを含んでおり、自分が記憶していることは本当に真実のことであるのかといった記憶の不確実性などは、近年よく指摘されているところである。この認知発達は、経験や学習に依存しているのであるから、子どもと大人を比較したとしても大きく異なる。小学校においては、抽象概念の発達が学習の基盤になっていくが、9歳頃から抽象概念を理解しはじめると言われる。抽象概念は、具象概念の対義語として理解するとわかりやすい。つまり具体的に表すことができず、言葉を用いて表現する概念として理解できる。たとえば、男児は男児同士で、女児は女児同士で性別という概念を意識した集団と言われるギャング・エイジは、小学校3年生頃から見られはじめると言われる。また、障がいがあるなしという概念も小学校3年生頃から始まると言われており、特に障がいがある子どものきょうだいが、そのきょうだいの障がいに関して言及しはじめるのも小学校3年生頃だと言われている。しかし、これを逆に考えれば、平均的な発達の場合、小学校1、2年生の場合は、抽象的なことを理解できないと考えられ、人の死というものを、大人と同じような概念で理解はできないのではないだろうか？　また、津波や大地震といった概念も同様である。自分自身が経験したことと、テレビや新聞等、他者から伝えられる情報とを同一視できるかといった問題もある。実際に、自分の母親の死を理解できずに、探し続けたという事例も報告されている。この死に関する概念の発達を大人や教師たちが理解することは、親を亡くした低学年の子どもへの支援には重要な観点ではないだろうかと私は考えている。

また、抽象概念を理解できるようになると、目に見えないものを推測することができるようになる。例えば、未来や過去などのことを推測したり、ｉｆ構文のように仮説法が用いられたりするようになる。このｉｆ構文が理解できるようになるからこそ、未来を予測しながら行動できるようになり、オフサイドなどのルールを理解してサッカーなどもできるようになる。しかし、ｉｆ構文ができるようなれば、未来を悲観的に推測してしまうこともできるようになったり、理想と現実の比較から、親や教師に対して不信感を抱き、反抗的な態度をとってしまったりすることも考えられる。

これらのように、人間には認知機能があり、同じものを見ても、同じ言葉を聞いても、その個人の経験や学習状況によって感じ方は異なる。それは、個人間差も大きいが、年齢による個人内差も大きい。人間は、目でものを見て、耳でものを聞いているのではなく、それらの刺激をきっかけに脳で表現していると言える。したがって、子どもの支援においては、それらの認知機能の発達を配慮しなければならないと考える。
私の相双地区での子どもたちへの関わりは、このような考え方を基にしてきた。この活動がどれだけの効果をもたらしたかは自分では評価はできないし、またその評価は時間がかかるかもしれない。ただ自分自身では、様々な人たちの理解を得ながら活動ができたことに感謝している。まだまだ被災地のニーズは小さくはないが、私ができることは少しでも行っていければ幸いである。

† 参考資料
DSM-5, American Psychiatric Association 2013, 5

第4章

解決志向の被災地支援
——相馬フォロアーチームの活動を通して

吉田克彦

よしだ かつひこ◉星槎大学非常勤講師。スクールカウンセラー。相馬フォロアーチームの一員として、相双地区の子どもたちの心のケアに当たる。

1 はじめに

NPO法人相馬フォロアーチーム（以下、フォロアーチーム）は、相馬市と星槎グループなどが協力し、相馬市内の津波被災地区にある小中学校へのスクールカウンセラーの派遣などを行い、子どもたちのPTSD対策を行うことを目的に設立された。従来のスクールカウンセリングではカウンセラー個人が学校で活動するのに比べ、チームとして活動していることが特徴的である。

本章では、まずは一般的な被災地における心理支援や既存のスクールカウンセリング体制についての実状と課題について整理する。その上で、相馬フォロアーチームの活動について説明する。

2 被災地心理支援の問題点

通常のスクールカウンセリング体制とは別に大規模災害や学校内での事件事故、生徒の自殺などの緊急事態が発生した際の派遣には、緊急支援としてスクールカウンセラーが派遣されて危機介入を行うことがある。東日本大震災でも発災直後から臨床心理士を中心とした多くの心理士が、被災地の学校などで緊急支援カウンセリングを行った。しかし、これらの支援は継続的かつ一貫性があるとは言いがたい。以下、大きく4つの側面から理由を述べる。

(1) スケジュールの問題

緊急支援で派遣されるカウンセラーは、緊急時のために普段から待機しているわけではない。他に本業があり、大災害や事件などが発生した際に、本業の合間をぬって駆けつける。そのため、短ければ1日、長くても数日単位での訪問が中心となる。また、他の仕事のスケジュールや本人のモチベーションの問題もあり、複数回訪問するカウンセラーもいるが、1回しか訪問しないカウンセラーも多い。また、ほとんどが公共交通機関を利用するためフレキシブルな活動ができない。

(2) アプローチの多様性

心理療法にはさまざまな手法がある。それらの手法は、互いにコンセンサスが得られていない実情がある。例えば、緊急支援の際の効果的な支援方法をまとめた、サイコロジカル・ファースト・エイド（アメリカ国立子どもトラウマティックストレスネットワーク2011：以下、ＰＦＡ）やＩＡＳＣガイドライン（IASC 2007：以下、ＩＡＳＣ）などのマニュアルがあるが、それらのマニュアルが徹底されているとは言いがたい。実際に、ＰＦＡやＩＡＳＣで「やってはいけないこと」と明記されている心理的ディブリーフィング（災害直後に被災体験の内容や感情を聞きただすこと）やフォローを行わない質問紙調査などが、東日本大震災の被災地でも数多く行われている。

また、アプローチが多様であることは、共通言語を持たないことを意味する。したがって、同じ相談者に対して関わるカウンセラーが変わると対応がバラバラになる。医療支援であれば、カルテが作られ各種データや疾患名などの共通言語が用いられる。そして、対応もマニュアル化されていることが一般的であろう。それに比べ、心理支援では共通言語を持たないので、ワンポイントの訪問ではその後に引き継ぐことが難しい。

(3) カウンセラー側だけの満足感

先述したように、緊急支援のカウンセラーは1日から数日単位で入れ替わる。もし自分がその状況で支援に向かうカウンセラーになった場合を想像してほしい。そのわずかな訪問時に「何らかの役に立ちたい」「成果を挙げたい」と思うのは当然の感情ではないだろうか。

相談室の椅子に座って、誰か相談に来てくれればよいが、誰も相談に来なければカウンセラーから被災された方々に声をかけていくことになる。特に、リスクが高いと思われる子どもに積極的に関わることになるだろう。学校に派遣されていたのならば、親を亡くした子どもを呼んで面接をするかもしれない。そして翌週、新たなカウンセラーが来て同じことが繰り返される。カウンセラーはつらい体験をした子どもの話を聞き、一緒に涙を流し、仕事をしたつもりで満足して帰るだろう。一方のカウンセラーに呼ばれた子どもは、つらい体験を新たなカウンセラーが来るたびに思い出して話さなければならない。そのような支援が、子どもたちの役に立っていると言えるだろうか。

実際に、東日本大震災発生から数か月後に、避難所の入り口に「心のケアお断り」という紙が張られるというエピソードが新聞や週刊誌などで取り上げられた。また、筆者らが仮設住宅を回ると「また、今週も知らない人がやってきて根掘り葉掘り聞くだけ聞いて帰っていった」との話を何度も耳にした。被災地住民への支援が支援者の自己満足で終わってしまうのは、住民に対して失礼きわまりないことである。

表１　不登校のきっかけとなったと思われる状況（東日本大震災前）

区　分		小学校	中学校	合　計
友人関係	いじめ	2.1%	2.7%	2.6%
	いじめを除く友人関係をめぐる問題	11.8%	19.1%	17.7%
学校をめぐる問題	教職員との関係をめぐる問題	3.2%	1.6%	1.9%
	クラブ活動、部活動などへの不適応	0.3%	2.5%	2.1%
	学校のきまり等をめぐる問題	0.9%	4.8%	4.1%
	入学、編入学、進級時の不適応	3.2%	3.8%	3.7%
家庭をめぐる問題	家庭の生活環境の急激な変化	10.6%	5.2%	6.2%
	親子関係をめぐる問題	19.3%	9.6%	11.4%
	家庭内の不和	6.4%	4.5%	4.8%
本人の問題	学業の不振	6.9%	11.0%	10.3%
	病気による欠席	8.8%	6.6%	7.0%
その他	その他本人に関わる問題	44.0%	43.0%	43.2%
	その他	12.2%	4.8%	6.2%
	不明	4.3%	3.6%	3.7%

文部科学省（2010）平成21年度「児童生徒の問題行動等生徒指導上の諸問題に関する調査」を基に筆者が作成

(4) 震災の影響を受けているはずだという先入観

表１をご覧いただきたい。手元にある２００９年度の文部科学省の統計（文部科学省2010）によれば不登校児童生徒のうち「理由不明」は小中学校平均で３・７％である。また、「その他本人に関わる問題」は同じく43・２％、「その他」は同じく６・２％を占めている。つまり、震災以前から（全国平均で見ると）不登校の半数以上は、具体的な〝いじめ、友人関係、教員との関係、学業不振、部活動不適応、学校不適応、家庭の生活環境、親子関係、家庭内不和、病気などの要因が見られない〟のだ。

ところが、震災以降「これといった理由が思いつかないから、震災の影響に違いない」と決めつけて対応するカウンセラーや教員が少なからずいる。もちろん、問題が生じると「なぜなのか」と理由を探したくなるのが人間の常である。しかし、根拠もなく安直に原因を決めつけることは、専門家の態度として許されない。

このように、心理支援においてはスケジュールの難しさ（継続的支援をする人材の不足）、アプローチの多様性による混乱、心理士自身の問題などがある。また、被災地ではPTSDや心の傷が深刻だろうという先入観が、被災地の住民を苦しめ、誤った支援を行っている危険性がある。

一方で、被災地において心理支援が不可欠であることもまぎれもない事実だ。では、心理支援における問題点を踏まえながら、最善の支援活動を行うにはどうしたらよいのか。私たちのひとつの答えが、相馬フォロアーチームの活動である。

3 相馬フォロアーチームのスタンス

相馬フォロアーチームは、震災から2か月半経過した2011年6月に相馬市内で津波被災地区にある2つの小学校と2つの中学校にカウンセラーを派遣することを目的として設立された。先述したように、緊急支援のほとんどはカウンセラーが短期間で入れ替わるため継続的かつ一貫性のある支援ができない。しかし、相馬フォロアーチームの取り組みは継続的かつ一貫性のある支援が可能である。被災地心理支援にふさわしい取り組みを行える。そこで、相馬フォロアーチームのスタンスを確認する。

(1) 非日常から〝新しい日常〟へ

災害時の心のケアのマニュアルであるPFAでは「できるかぎり早く日常生活にする」ことの重要性が強調されている。私たちは「心身が回復する」ことにより「当たり前の日常生活を過ごす」と考えがちである。だが、「当たり前の日常生活を過ごす」ことで「心身が回復する」ことも多くある。人は常に万全の状態で生活しているわけではない。むしろ、どこかに痛みを感じ、悩みや不安を抱えて、不調を何とかごまかしながら仕事や家事に従事している場合の方が多いのではないだろうか。

つまり、万全の調子になるまで安静にしていることは悪循環に陥りやすい。もちろん、高熱が出ている時に休息が必要なのと同様に、極度の不調の場合は安静や休息も大事である。しかし、ある程度回復してきたら、リハビリを兼ねて仕事や勉強や家事などをこなし、日常生活を始めることが効果的である。

ここで注意すべきことは、〝元の日常を取り戻す〟ではなく、〝新たな日常を生み出す〟ことを目指しているということ。2011年3月11日以前の日常を求めていれば、それは不可能であり、いつまでたっても日常は手に入らない。例えば、震災で親を失った子どもが、震災以前はテーブルに座れば食事の用意ができていた日常があった。しかし、いまはテーブルにただ座っていても食事は出てこない。〝新たな日常生活〟をつくる必要がある。また、津波で家を喪失した家族が避難先で窮屈な思いをしていることもあった。これもある程度は受け入れなければいけない現実である。「前に住んでいた広い家に戻りたい」と思っているだけでは、残念ながら事態は進展しない。

(2) 大人を見て子は育つ

子どもの精神安定には、周囲の大人（保護者や教員）が落ち着いていることが欠かせない。子どもの身体症状などの問題も、子どもたちに直接面接するよりも問題意識の高い保護者と面接をした方が効果的な場合が多い。保護者が安心すると子どもも落ちつく。したがって、相馬フォロアーチームでは教員のメンタルヘルス支援と仮設住宅に住む児童生徒宅への家庭訪問を積極的に行っている。

(3) 常駐するけれど依存させない

相馬フォロアーチームではできるかぎり、出しゃばらない支援を心がけている。目標は「カウンセラーのおかげで○○した」というのではなく、「確かに、カウンセラーもいたけれど自分たちの力で大変な状況を乗り越えてきた」と胸を張ってもらうことである。支援者はついつい、おせっかいになりいろいろなことに介入して、手や口を出しがちである。しかし、良かれと思った支援が子どもたちの成長する機会を奪っている可能性があることも常に意識しなければならない。重要なことは、なるべく干渉しない、黒子もしくは「役たたずのカウンセラー」に徹することである。

4　相馬フォロアーチームの活動

ここまでは相馬フォロアーチームのスタンスを紹介してきたが、ここからは実際に行っている活動のいくつかを紹介したい。

(1) 津波遺児の継続フォロー

相馬フォロアーチームが設立した当初、立谷秀清相馬市長から特に強く要望されたのは津波で保護者を亡くした子どもの継続的な見守りである。そこで、相馬市で津波により保護者を失った子ども全員のファイルを作成し、毎月更新している。津波遺児をサポートする際に気をつけなければならないことは、フォローのための関わり自体が苦痛にならないようにすることである。そして、本人の「大丈夫です」という意見だけでは、無理して「大丈夫」と言っているかどうか判断がしにくいので、できるかぎり客観的な視点で見守ることである。

そこで、本人面接は極力せずに、カルテを書くことにより自然とネットワークが構築されるように心がけた。記入項目は、1か月間の欠席・遅刻・早退の日数の他に、「①スクールカウンセラーから見た最近の様子」「②担任からの情報」「③養護教諭からの情報」「④管理職・家族・友人からの情報」という項目を自由記述できる非常に単純なシートにした。

このシートの作成を繰り返していれば自然と子どもたちに目が向くようになる。誰か一人が見守るのではなく、学校全体で見守る環境ができるのだ。

例えば、養護教諭から「先月に比べて今月は頭痛を訴えて保健室に来ることが多い」とか、担任から「給食を残すことが増えたようだ」「授業中眠っていて、教師に注意されることがある」などの情報があれば、食欲不振や不眠などの可能性を探り、問題があれば的確に介入することができる。

(2) 常駐型支援から拠点型支援へ

被災地支援の緊急心理支援と異なり、相馬フォロアーチームは長期的に関わるチームである。そのため、スクールカウンセラーには一人一台ずつ公用車が貸与され、スクールカウンセラーのチームの事務所には相談室も併設されている。卒業や転校などで、学校を離れた児童生徒や学校の相談室に来室しにくい保護者との面接に活用している。

カウンセラーの枠組みに当てはめるのではなく、ニーズに合わせてできるかぎり柔軟な対応を目指している。

5　さいごに

本章では、被災地心理支援の現状と問題点を明らかにした上で、相馬フォロアーチームの特徴と活動内容について紹介した。プライバシーの面と紙面の都合から、具体的な事例についてはあまり紹介できなかったが、フォロアーチームが関わる事例は、概して改善に向かっている。

被災地支援のみならず心理支援で重要なことは、できるかぎり早く心理支援の必要のない状態にすることである。そのためには、子どもや保護者・教員のリソースを尊重し、黒子の支援が重要である。

†参考資料
National Child Traumatic Stress Network and National center for PTSD, "Psychological First Aid: Field Operacions Guide 2nd Edition" 兵庫県こころのケアセンター訳（2009）『災害時のこころのケア――サイコロジカル・ファーストエイド実施の手引き（第２版）』医学書院

Inter-Agency Standing Committee（IASC）（2007） 災害・紛争等緊急時における精神保健・心理社会的支援に関するＩＡＳＣガイドライン

文部科学省（2010）平成21年度「児童生徒の問題行動等生徒指導上の諸問題に関する調査」について（http://www.mext.go.jp/b_menu/houdou/22/08/__icsFiles/afieldfile/2010/08/05/1296216_01.pdf　２０１４年２月１日閲覧）

スペシャルレポート2

養護教諭として、どう子どもの未来を守るか

元養護教諭・ワシントンDC在住◉
前嶋明美

東日本大震災から10か月後、アメリカ在住の私は志願して福島県の原発被災地に入った。養護教諭の補充者教員として相馬市の小学校（3か月間）、南相馬市の小学校（1年間）で支援活動を続けてきた。その期間中、私が養護教諭としてどんな仕事をどう進めていったか、その軌跡をご紹介したい。

原発被災地の小学校へ

2012年の1月、相馬市の小学校に赴任した。そこの養護教諭は震災後、東京に避難していたため不在になっていた。私の仕事場である保健室には、大きなダンボールに入ったマスクや消毒液などの支援物資が山と積まれ、倉庫のようだった。すぐに部屋の片付けをして必要な資材を整え、被災地支援活動をスタートをさせ

相馬市の小学校のグランド
放射線空間線量測定機が設置されている。グランドの除染は地上5センチの土を削り、1メートル以上掘った穴に埋めるという方法。

た。

朝、学校に着くと、子どもたちが次々に「おはようございます！」と元気な声をかけてくれ、私のほうが励まされてしまった。しかし、登下校は保護者の車、ほとんどの子どもはマスクをしていた。「ああ、やっぱり」と暗い気持ちになった。原発事故の影響は予想以上に深刻だった。

この小学校は福島第一原発から40キロ地点にあり、警戒地区と隣合わせの地域だ。放射線から身を守るための指導は必須である。まず、放射線予防策はどうなっているのか調べてみた。指導マニュアルや資料を探したが、国や県からの具体的なものは何もなく、学校独自に出されたもので指導している状況であった。近隣の養護教諭に尋ねたが、放射線指導用の資料はなく、周囲の状況を見ながらとのことだった。

2011年の10月、学校再開から6か月後、文部科学省から放射線教育の副読本が出されたようだが、やはり原発事故に対応する身体予防マニュアルは地元の学校および文科省もまったく準備していなかったのだ。本校の放射線指導としては、校長が「学校だより」を、保健室では臨時に配置された養護教諭が「保健だより」を通して、各家庭へ情報を提供していた。保護者を学校に招集して「放射線学習会」を数回実施したこともあったようだが、それらがはたして信頼できるのか、適切なのか、確かなことはわからない。

また、地域学校保健委員会という学校地区の教育および医療関係者で組織する会があるのだが、それもまったく機能していなかった。また、組織の構成メンバーに医師はいなかった。

被災地の人々、その実態

地震、津波に追い討ちをかけた原発事故、あの日から子どもたちの生活は一変することになる。マスクの着用、外あそび禁止、川や海に入ってはいけない、登下校は自家用車を使用、プールは閉鎖、雨に当たらない、夏でも長袖、長ズボンを着用、窓を開けないなど。さらにバッジのような測定機を胸につけ、それぞれの生活環境で受ける放射線量（外部被ばく検査）を3か月間測る「ガラスバッジ測定」を3回した。ホールボディカウンター（WBC）検査（内部被ばく検査）は市立病院に導入された測定機で2回。血液検査、甲状腺がんの検査もした。結果は安全値内でおさまっていたが、その安全値というのがどうなのか、誰も確かなことは言えない。

地震、津波、放射線の被害にあった南相馬市の小学校

南相馬市の小学校（仮設校舎）

南相馬市の小学校のグランドに建てられた別の小学校の仮設校舎。ここに2つの小学校と1つの中学校が同居している。グラウンドの除染は、地上30センチを掘り起こして裏返し、表面に砂を敷いてならした。

その上、地震、津波、放射線の被害を受けた小学校もあり（原発から30キロ、海岸から2キロ地点）、そこの子どもの家庭は半数が仮設住宅だ。狭く、暑く、寒く、隣人の声や物音でプライバシーもない厳しい環境。その他にも、アパートや親戚に仮暮らし、別々の生活を強いられた家族も多い。原発事故は人々から仕事を奪い、海を奪い、土地や家を奪った。そして健康を奪っていった。

いくつか例を紹介する。5年生のA君は家族全員で県外の東電官舎に避難した。A君はそこの学校に転校したが、「福島、福島」といじめられ、2か月で相馬に戻ってきた。が、学校を休みがちだ。やはり県外の親戚に避難していた2年のBちゃんは、ちょっとしたことですぐ下痢をするようになった。3か月後、南相馬市に仮設住宅ができたので本校に戻ってきた。しかし、体調は回復せず、保健室の常連だ。3年生のC君が鼻血を出して保健室にやってきた。このごろは少しよくなったが震災後、鼻血の回数が増えたという。

4年生のDちゃんと6年生のEちゃんは姉妹。浜辺にあった家は津波で全壊、漁師の父親の漁船も流されてしまった。隣町の母親の実家へ家族4人が住まわせてもらうことになったが、海は放射線による汚染で漁業ができない。父親は落胆して毎日何もせずごろごろしているばかり。ついに両親は離婚し、父親はその家を出てしまった。

3年生のF君は大好きだったおばあちゃんが津波に流され行方不明になった。F君は両親と一緒におばあちゃんを捜した。すると瓦礫の中に大勢の遺体があるのを見てしまった。それは手足がなかったり、衣服はなく変わり果てた姿だった。それ以来、F君はトラウマになり、よく眠れない。

G君兄弟の家は牛をたくさん飼っている酪農家。放射線のため牧場の草は汚染され、牛乳を売ることができなくなった。両親は遠くへ出かせぎにいき、1か月に一度しか戻れない。6年のHちゃんの家はたくさんの畑が放射線で汚染された。家族は農業をあきらめて仮設住宅に入った。東京電力から多額の補助金が出た。父親は何か仕事をしたいと思っているが、それをすると補助金が下りなくなるので何もしないでぶらぶらしている。

この他に、大人たちの例もある。隣の学校の養護教諭は私の友人だ。彼女は3年来のボーイフレンドがいたが、その年の8月、彼女から去っていった。「福島の女性とは結婚したくないのでしょう」と。その後、彼女は突発性難聴にかかり、左耳がきこえなくなり入院、今やっと仕事ができるようになった。南相馬市立総合病院は原発から25キロ地点にあり、警戒区域の病院から搬送された患者も大勢いる。そこの医師によると「入院患者の死亡率は通常の4倍になった」とのこと。

これらの例は、放射線による直接影響だと断定されるものは何もない。それによる生活、環境の変化、精神的ストレスなどから引き起こされる間接的なものとして新たに人々にのしかかってきたものだ。そして着実に人々の健康を蝕んでいった。これから、この二次災害にどう関わっていくのか、解決の道は遠そうだ。

放射線による身体症状?

今のところ放射線が直接身体に影響して死亡したという例を聞かない。しかし、私がそこの人々からの情報を聞くにつれ、少なくともその年の5月頃から数か月くらい、身体的な影響が出ていたのではと思っている。例をあげると、私の近所に住んでいた若いお母さんはその年の6月頃から髪の毛が抜けはじめ、1か月後、とうとう鬘《かつら》をかぶることになった。私と出会った翌年2月「やっとこの頃よくなってきたのよ」と。医師は「これが放射線のせいなのかはわからない」と言う。彼女の行きつけの美容師さんは「このような方を5人以上見ている」とのこと。学校の先生である25歳の女性は、その年の5月頃、のどが痛くなり、耳の下のリンパ腺がはれているのに気づいた。「風邪ひいてはいないし、花粉症でもないのになんだろう」と病院に行った。そこには同じような症状で受診している人が数人いた。その他、何人かの父兄も同時期にのどの異常があり、多くの人が咳き込んだりしていたという。市立病院の医師は「当初、首のリンパ腺の腫れ、下痢や貧血、倦怠感で受診する患者が多かった」と言う。学校では毎年、家庭での保健調査をしている。私は震災後子どもたちにおきた身体変化を調べてみた。その結果、数は少ないが以前はなかった鼻血、下痢、頭痛、不眠などが現れたという回答があった。その後、回復した者、そのままの者と様々で、ストレスによるものが大きいだろうが、「少なからず放射線による直接影響はあった」と私は思っている。

遠足でのこと

翌年の春、2年ぶりに「春の遠足」があった。

雲ひとつない青空にピンクの桜が咲き誇る絶好の遠足日よりだ。目的地はこの小学校から2・5キロ先にある市の生涯学習センター。そこは、この小学校が現在の仮設校舎に移る前に一時間借りしていたところだ。1年生から6年生まで47人の子どもたちは、それぞれリュックサックを背負い、自主的にマスクを着け、元気に出発した。ところが、10分くらい歩くと何人かが息を切らし始めた。「つかれたー」「休みたーい」。ペースを落とし、休憩を何回も取りながらやっとセンターに到着した。所要時間は1時間15分。大人が普通に歩いて30分くらいの距離だ。

そして楽しいお弁当の時間。ホールの床にシートを敷き、持参したお弁当をひろげ、みんなおいしそうに食べ始めた。先生方も輪になってほっとするひと時だ。そして20分経過。すると先生が「子どもたちはずいぶん静かねー」「誰も立ち歩いてない」「普通10分もすればその辺を駆け回って遊びだすのに」と話し始めた。そして50分間の昼食タイムは静かなまま終了した。そう言われればそうだ、これは異常現象なのだ。「1年間規制生活を強いられた結果がこれ、本当に恐ろしいことだ」と先生方は絶句していた。

そのあと、みんなでドッジボールをすることになった。高学年と低学年のコートに分かれゲームが始まった。久しぶりの全校体育、みんな元気に歓声をあげながら思いっきり動き回っている。10分が経過した時、「具合がわるーい」と3年生のA君が私のところに連れられてきた。青い顔をして冷や汗をかいている。酸欠、脳貧血症状だ。続いて4年生のB君、3年生のCちゃん、みんな同じ症状。私はまたしても絶句してしまった。こんなにも体力が低下しているのかと。

有志の会と坪倉医師との出会い

そんな時、地域の有志が集まる「相馬の子どもを守る会」のメンバーになることができた。会代表の若いお父さんは「ここの子どもたちの将来は、坪倉正治先生の肩にかかっている」と、東京大学医科学研究所からやって来た一人の若き医師を紹介してくれた。彼は震災年の5月に相馬入りし、南相馬市立総合病院で住民の診療と放射線被ばく検査に携わり、地域に根付いた医療を実践していた。ある日、守る会の仲間との夕食会があった時、坪倉氏は、私がアメリカからご奉公に来たことを聞いて感動し、持参したノートパソコンでご自分の実践研究を説明してくれた。

それはまさに、私が知りたいと思っていた情報そのものだった。相馬地区の放射線空間線量、住民の内部被ばく状況、水や食物などの放射線測定結果、それらの推移と比較、そして見解を分かりやすく説明してくださった。私はやっと目の前に光を見つけたような気がした。

こうして、原発被災地の子どもたちの健康をどう守っていくかの方向性を見つけることができた。そして、養護教諭は何をすべきかも見えてきた。福島県の10年後の子どもたちを守るためにすべきこと、それは、①内部被ばく検査の継続、②放射線教育である。将来の就職や結婚にそなえ、健康であることの確認、そして放射線を正しく理解し、たくましく生きていくための教育だ。「さあ、がんばろう」私は自分を励ました。

ＷＢＣ検査の学校検診化

南相馬市、相馬市にはＷＢＣの検査機（1台5000万円）が追加導入され、市の予算も計上された。ところが、新たな問題がおきていた。ＷＢＣ検査を受ける子どもや市民が激減したというのだ。検査は病院で行われる。それを受けるためには、仕事や学校を休んで病院へ出向く必要がある。以前に受検した人のほとんどが安全圏という結果の中、「受けなくても大丈夫」という気になるのは当然だ。学校の父兄も「親が仕事を休んで、子どもを検査に連れて行くのはきつい」と言う。私は坪倉氏に提案した。「学校検診に取り入れたらどうでしょう。養護教諭が協力できます」と。

それから学校検診実現に向けて準備、行動を開始した。坪倉氏は市長に掛け合い、子どもたちのＷＢＣ検査の継続が必要であることを訴えた。私は学校サイドの担当。まずは養護教諭の認識と理解を急がなければならない。

1年以上停止していた南相馬市の養護教諭部会はやっと再開されたばかり。私は「部会に坪倉氏を講師に迎えて研修会を早急に実施すべきだ」と提案した。ところが、部会の年間計画はすでに決まっていて、その機会がないという。それならと、仕事が終わってからのプライベートタイム、5時以降に有志を集めて臨時の研修会を持てばいいではないかと考えた。さっそく坪倉氏に連絡した。「時間外でなおかつ無報酬ですが」と。彼は喜んで引き受けてくれた。

次は人集めだ。同じ仮設校舎に同居している中学校の養護教諭は有能で仲間の信頼も厚い。彼女は二つ返事で承諾してくれた。2人で各学校に連絡し、勉強会への参加を促した。「7～8人集まれば何とかなる」と思っていたが、当日の会場となった仮設教室へは30人もの先生方が集まった。養護教諭のほかに、一般教諭や栄養教諭、事務職員までもが参加してくれた。夜8時30分、坪倉氏の講義は盛会のうちに終了した。

「実は、昨日結婚しました」と、プライベートでも驚かされる坪倉氏であった。翌日、私は校長に勉強会の様子を報告した。「よかったですね。頑張りましたね」というお言葉をいただき励まされた。

WBC 検査機

年が明け、3学期が始まった。職員会議の席で校長から「南相馬市では、来年度からＷＢＣ検査を学校検診に導入することが決まりました。年2回、5月と11月です」と知らされた。「よし！やった」思わず心の中で叫んでいる私だった。

公的な事業を新たに行おうとしても、普通はこのようにうまくいかない。しかし、ＷＢＣ検査の学校検診化は、震災後の混乱の中、住民の要望や専門家のリード、市の姿勢、同僚の協力などがタイミングよく、リズムを刻むように動いたことが、よい結果を生んだと思っている。

学校給食

さて、子どもたちの健康を支えている大きなものに「学校給食」がある。震災前は60％の食材が地元産で、栄養のバランスがとれた豊富なメニューを提供していた。しかし、震災後、地元産はまったく使用できなくなった。外からの支援物資は不足し、被災地の住民は食べ物にみんな苦労をした。菓子パンとせんべいだけという日が何日も続き、戦時下さながらだったという。そういう中で学校再開と同時に学校給食も始まり、メニューは「おにぎりとミニかまぼこ」から始められた。それでも、「あの時の給食はすごくおいしかったし、ありがたかった」とのこと。

その後、徐々に食材が入るようになり、2学期が始まる頃にはほぼこれまでのメニューを提供することができるようになった。すべての食材は市役所に設置された測定器で放射線が測定されることになっていた。各学校では毎日、市役所へ足を運んで測定した。そして、1年後、食材の放射線測定器（500万円）が各学校に設置された。毎日の給食の食材を調理前と後に測定するというものだ。測定に時間がかかるため、そのための職員の配置もされた。このように、被災地では大変な苦労を重ね安全な給食を提供している。それも学校給食へ期待するものがどれほど大きいかが伺える。

日本の学校給食制度はすばらしい。専属の栄養教諭が配属され、栄養豊かで安全な給食の提供と食育を実施している。福島県では栄養教諭の配置率が低いので、養護教諭との連携が必須だ。私も毎日の給食準備やかたづけ、給食費事務や会議など、給食センターの栄養教諭と連絡を取りながら頑張った。本校は子どもの数が少ないので、私は毎日、日替わりで各クラスを回って一緒に給食を食べるようにした。「僕、カレー大好き」「明美先生、アメリカのお話しをしてー」など、会話もはずむ楽しい時間だ。それに、この時間は子どもたちの様子を知るうえで大変貴重なものになった。子どもたち一人ひとりの表情、顔色、食欲、精神状態、さらには家庭の状況まで、リラックスした子どもたちの普段の顔が観察できた。

肥満指導

2012年12月、文部科学省の統計から、福島県の子どもに肥満傾向の割合が増え、全国的に最も顕著だったことが公表された。1年間でこれだけ統計数値が変わるなど、よほどのことだ。4月、この南相馬市の小学校に転任してすぐ気づいたのは、子どもたちの肥満だった。4人に1人が肥満傾向で、全国平均の3倍にもなっている。原発事故で屋外活動が制限された影響は大きい。それで2学期から肥満指導を行うことにした。

私は肥満度40%以上の子を抽出した。子どもの肥満指導は大人のそれとは違う。成長を利用して、肥満を解消しようという方法（前嶋オリジナル）だ。時期的には一番身長が伸びる成長期を利用する。通常、身長が10センチ伸びれば体重は6キロ増える。スタートした時の体重を増やさないようにキープすると、10センチ伸びた時点で体重は6キロ減少したと同じような外観になる。大人のダイエットのように、食事を制限する必要がないのでやりやすい。家庭では体重計を準備し、いつでも測れるようにする。「○キロをキープ」という張り紙をよく見えるところに張っておく。学校では個人のカードを発行し、保健室で週1回の体重測定をしたあと、本人にカードに記録させる。気づいたのは給食時、肥満児童のほとんどが「おかわり」をしていたことである。先生方、保護者に「給食は一人前」を徹底させるよう理解を促した。

そして半年が経過した。70％は体重をキープし、少し見た目も変化してきたようだ。肥満指導で、もっとも大切なことは、保護者の理解を促し、一緒にがんばることだ。私個人の考えは「子どもの肥満は親の責任」と思っている。幸い、子どもたちは自家用車で通学しているので保護者とはいつでも話ができた。指導をスタートさせる前に対象児童の保護者を保健室に呼んで、説明を実施した。全員の保護者が賛同し、途中何回も懇談を重ねた。

数十年前、子どもの肥満が取りだたされたころから、相馬地区の学校は小児生活習慣病予防健診（血液検査他）を小学4年生と中学1年生に実施している。最近、これを学校検診からはずそうという試みが養護教諭部会から出されていた。しかし、その検査結果を見ると、肥満と大きく関連しているのがわかる。本校4年生の結果は歴然、肥満傾向の7人（70％）は血圧や血液に異常が判明した。震災の後遺症として浮かび上がってきた被災地の子どもの肥満。小児生活習慣病予防健診は今後の肥満指導でも貴重な資料として生かしていくことができる。

後日の養護教諭部会で、私は「この健診を継続してしていくべきだと思います」と提案した。ベテラン養護教諭から「私もそう思う」と追加意見も出た。帰りぎわ、若い養護教諭が小走りに私のところに来て言った。「私もこの検診は必要だと思っていました。でも、私の口からは勇気がなくてできませんでした。先生ありがとう」。

被災地の養護教諭としてすべきこと

「被災地に入り、養護教諭として何を、どう支援するか」は現地入りする前からずっと考えていたことだ。これは、「養護教諭とは何か」を基本に戻って考えるよい機会になった。実際、原発被災地に入り、「放射線」という新怪物にどう立ち向かうかは、養護教諭にとってもその質が問われる時である。指導マニュアルはまったくない、国や県の方針はあいまい、専門家の指導や意見は様々、何をどう信じていいのかわからない。このような中、学校は再開され、そこに子どもたちがいるのだ。被災学校はそれぞれ各学校と連携しながら独自の放射線対策を講じ、何とか切り抜けてきた。私が現地入りした震災から10か月後の印象は、先生方もみんな被災者、ご自分の生活が危うい中、力を振り絞って教育現場に入り、その任務を遂行してきたという現実だった。日本の教育界の底力に感嘆させられた。養護教諭もその一員、地道な努力を重ね、独自の放射線指導を試みていた。

それ以降については前述のとおりである。被災地の子どもたちの健康を守るためにすべきこと、それは「子どもたちの健康把握」と「健康教育」につきる。毎日の健康観察、保健室での対応、適切な健康診断、保健調査、あらゆる機会を通して、子どもたちの健康状況を把握し、データを残しておく。家庭との連携を大切に、子どもたちのささいな異変をしっかり観察し、対応することである。私は日本の養護教諭制度を世界に誇れるものだと思っている。今後も子どもたちの健康を守るために頑張ってほしいと切に願う。

あとがき（アメリカから日本へ）

アメリカに住むようになって10年目の3月11日、日本から未曾有の東北大震災のニュースが飛び込んできた。日がたつにつれ、何とか日本へ行って被災地のお役に立てないものかという思いがつのり、ついに行動を起こした。かつて山梨県で養護教諭をしていた経験を生かし、「原発周辺の学校へ入って長期支援をしよう。この歳だ、放射線なんて怖くない」と。

さっそく福島県の教育委員会へ連絡した。すると原発周辺の養護教諭不足が深刻で、臨時教員としてぜひ福島入りをしてほしいということだった。ウェブサイトから願書の様式を引き出し、写真と手紙を添えてすぐに相双教育事務所へ郵送した。それが震災年の7月のこと。しかし、待てど暮らせど連絡が来ない。2か月後の9月、しびれを切らした私は事務所へ電話をした。係の先生から「それは本当にありがたいことです」と歓迎され、やっと具体的な話になったというわけだ。無理もない、地震、津波、放射線と三重苦の相双地区は想像以上の大混乱だった。人々は家や学校を離れ、避難を余儀なくされた。4月の教職員の配置換えは8月に先送りになり、7月予定の教職員採用試験は中止になっていた。それで、私の送った願書は開封されていなかったのだ。

それから赴任先の学校が決まるのを待った。私には福島に知人も親戚もない。長期の支援になるので下宿先をお願いしておいた。ところが周辺の賃貸住宅は被災した人々でいっぱい。12月、やっとアパートが決まり、実際の学校勤務は3学期からということになった。

さて、やっと相馬市へ単身赴任をすることになった私はアメリカを発ち、まず故郷の山梨に向かった。そこには還暦を過ぎた私の兄弟がいる。兄はアパートの敷金、弟は自家用車と携帯電話を準備しておいてくれた。「我々にはこんなことぐらいしかできない」と。ありがたいことだ。また、私がこうして被災地に入れたのは、何といってもアメリカにいる夫の理解があったからだ。「僕の分まで頑張って」と送り出してくれた夫に大感謝だ。

そして1年3か月、私の支援も無事終わった。その間、私を応援してくれた家族、親戚、そして相馬の人々、子どもたち、先生方へ心より感謝したい。

第5章

震災後の変化の中で――心のケアと学習サポート

三森睦子

みつもり むつこ●星槎教育研究所所長。2012年4月より、主に南相馬市の中学校に月に2~3回定期的に通い、子どもたちの心のケアをするとともに教員の相談に乗っている。

1 復興が見えてこない不安の中からのスタート

我々、星槎教育研究所の4名がはじめて南相馬市の中学校の仮設校舎を訪問したのは、あの3・11から1年経った2012年の4月であった。文部科学省の緊急カウンセラー派遣事業によって、「まだ復興が困難な地域の学校に」ということで、2名が小学校に、2名が中学校にスクールカウンセラーとして派遣された。

当時のこの地区は時が止まったまま。地割れ、崩壊した家屋、曲がったガードレール、それに乗り上げた傾いた自動車、校庭のさびた鉄棒……、雑草だけが伸び続けて地面を覆っていた。放射線を浴びた瓦礫《がれき》を受け入れてくれるところがない。瓦礫が撤去できないと、ライフラインも復旧できない。ライフラインが復旧できないとこの地区には戻れないという状況が続いていた（2014年1月現在、復旧が進み始めた）。

訪問初日、校長先生・教頭先生・養護教諭が、それぞれこの中学が置かれている状況を説明してくださった。

①震災当日のこと
②生徒2人が亡くなったこと、流されていく家や人を見ていた生徒もいること
③住居も学校も仮設で、プライバシーがなく、ストレスを発散する場がないこと
④南相馬市の鹿島・原町・小高三地区のこと、相馬市と南相馬市の違いについて
⑤生徒は4つの小学校から来ているが、それぞれ地域差があり家の状況も違うこと
⑥各学年4クラス400人近くいたが、震災後は42人になり、今また戻ってきて100人を超えたこと
⑦生徒の減少により、先生も二度にわたり減らされたこと。知っている先生が転勤で遠くにいってしまい、生徒は「見捨てられ感」があること

⑧ほとんどが仮設住宅に住み、集団バス通学をしていること
⑨農業・漁業をはじめ、仕事をなくした親が多く、親も先行きの見えない不安を抱えていること
⑩高校進学に向けて学力の不安があること
⑪戻ってきている生徒の中には、避難先でなじめなかった、適応できなかった生徒がいること
⑫今までずっとガマンしてきているので、生徒たちはハイテンションになっているが、感情表現できないでいること
⑬先生も家庭のある被災者であること

状況のイメージを思い浮かべ一生懸命メモを取りながら聴いていたが、今思えば現実感が薄かった。２年近く経った今振り返ってみると、生徒たちの顔も浮かび、よく理解できる。

2 生徒たちをめぐる生活環境——「仮設」のままでの3年間

ここでは、家も学校も「仮設」のままで過ごしている生徒たちの生活環境について述べる。

(1) 心にも身体にも窮屈な仮設住宅

「仮設に住む人は減ってきている」と言われているが、この地区の人の多くは、2014年を迎えた今も仮設住宅に住んでいる。狭いために、いろんなトラブルがある。その悩みについて生徒が話してくれた。以下にいくつか挙げてみる。

- きょうだいげんかがうるさいと近所からクレームがきて父と母は一軒家をさがしまわった。
- 家庭内の人間関係のトラブル（祖母と母のけんか、両親の不和、きょうだいげんかなど）が増えた。
- 尊敬していた親の意外な一面を間近で見てショックを受けた。
- 近所がうるさくて、夜眠れない。勉強できない。やる気が起きない。
- 狭いのでかわいがってくれた祖父母と別居せざるをえなかった。
- 一部屋にきょうだいみんながいるので自分の時間がない。少しでいいから自分一人の時間がほしい。

どの話も切実だ。「でも、先生やお母さんには言わないで、心配かけたくないから」という子もいる。状況がわかっているだけにわがままも言えないで我慢している子たちが多い。この我慢はいつまで続ければいいのだろうか。明るく笑って元気にふるまっていてもストレスは溜まっている。

「そうか、よくがんばっているね……」と聴くしかない。

(2) 学習環境――仮設校舎

校舎も、同様にプレハブの仮設校舎（写真１）で、３年が経った。震災後、新しく入学してきた１・２年生は本校舎を知らない。

思いっきり身体を動かしたい時期だろうが、校庭がない、体育館がない。部活や体育の授業は、体育館や校庭を借りてローテーションを組んで順番にやっている。

写真１　右隅のプレハブ校舎。左の小学校校庭に建てられている。

しかし、本校舎のような重厚感はないし、不便なこともたくさんあるけれど、これはこれで楽しいかもしれない。ワンフロアに１年・２年・３年・支援級の４クラスと、校長室、職員室、保健室が並んでいて、先生と生徒の距離が近い。何かあるとすぐ相談に行ける保健室、質問に行ける職員室、放課後受験勉強を教えてもらえる校長室。休み時間になると保健室は生徒たちのたまり場になる。狭いことが「一目で見渡せて生徒に目が行き届き」「お互いの親密性を増し」いい効果が生まれた面もあったのではないだろうか。

⑶ 家族の形態の変化

環境の変化は、家族の形態にも変化を生んだ。

① 大きな家に3～4世代の大家族が同居し、助け合って暮らしていたが、小さな仮設住宅に分散して住むようになった。両親が共働きの場合、今まで放課後はおじいちゃんおばあちゃんといっしょに過ごせたのが、ちょっとした面倒を見てくれる人がいなくなった。

② 両親の仕事が近隣になくなったために、父親だけが単身赴任で遠くに住むようになった（双相地区の支店がなくなったために、他の地域の支店に転勤または、他の地域に転職などの例）。

③ 家族で避難して他の地域に住んでいるが、生徒がその地域が合わないため（学力面・人間関係面など）、生徒だけ祖父母の家に戻ってきた。

④ 父親・母親の仕事の関係で、子どもが父方、母方に分かれて暮らしている。

⑤ 離婚に至るケースが増えた（父と母が収入面でも助け合って生活していたが、家族一人ひとりに補償金が出るため経済的に自立できた。狭い住宅に暮らすと、見なくてすんでいた相手の欠点が見えるようになった。などの理由による）。

以上は、南相馬に残った生徒の立場からの視点だが、南相馬から出て行った家族の背景に、大家族の中で「南相馬に残った老人世帯」も多くあることを忘れてはならない。

(4) 放射線への不安と周囲の偏見と

南相馬市立総合病院が内部被ばく検査の結果を発表。以前訪問したとき「明日は内部被ばく検査」と黒板に書いてあったのを思い出す。「子どもは１００％限界値を下回る」ということで、ホッと安堵したが、不安をあおりたてる報道や識者の発言もあり、なかなか生徒たちの不安はぬぐえない。

ある女子生徒は、「動物にも奇形が出てるって。わたし、もう、子ども産めないのかな……」「将来、結婚できないのではないかな……きっと、相手の家族に福島出身というだけで反対される」という子たち。私の知り合いでも、宿泊研修で「福島の人とは、同室になりたくない」と言われたり、避難先の親せきの家で、大切に持って行ったお気に入りの服や思い出の品々を燃やされてしまったり……ということがあった。

写真２「リアルタイム線量測定システム」。文部科学省ホームページで測定値が公開され、10分おきに更新されている。

内部被ばくだけでなく、外部被ばくについても検査し続けている。南相馬市民は、ガラスバッジをつけることを義務付けられていて、２０１３年度は18歳未満だけではなく、全年齢を対象としていると聞く。校庭には、リアルタイム線量測定装置が設置され、地上50センチの空間放射線量を24時間、自動計測している（写真2）。

福島県内の被災者が抱えるメンタルな問題には、他県にない特徴があるという（読売新聞医療ルネッサンス　福島県立医大災害こころの医学講座　前田正治教授）。○原発の爆発音　○子どもの放射線被ばくに対する母親の罪の意識　○家があるのに住めない「あいまいな喪失感」　○他地域からの偏見

確かに、生徒・保護者とのカウンセリングや先生方との情報交換の場でも、これらの話はあがっていた。

(5) 地域の様子――地域による分断

震災被害のあった東北の中でも、他の県と違って「福島」は、震災・津波・原発事故・風評被害という四重苦をかかえている。その福島の中でも、海沿いにある南相馬市は被害が大きかった。南相馬市は「警戒区域20キロライン」「緊急時避難準備区域30キロライン」「30キロ圏外」と3区分され、見えないラインによって分断された（２０１２年4月16日再編）。小高区は、ほとんどが20キロ圏内である。原町区・鹿島区と違い、被害が大きくインフラの整備もできず復興のめどがたっていなかった。警戒区域は解除されても、泊ることはできないし、また15歳以下は立ち入りも禁止だったので当時、生徒たちは3・11以来一度も家に帰っていないということであった。

また、同じ地区の中でも、状況が違っている。

・津波で全部のみこまれた。小学校も流された地区
・津波に全部覆われて、現在湿地になっている地区
・家は残っているが損壊してしまった地区
・家は残っているが、放射線量が高く家に戻れない地区

このように、環境や生活状況が、生徒によって違っている。家や家族を失った生徒と失っていない生徒がお互い気を使いあって、机を並べているのだ。

「実は出身小学校が違うと、あんまり本音は言えない」と言った中学1年生の生徒もいた（3年生になると、そのような壁はなくなっていた）。

震災前は、4つの小学校から中学へ進学したので、全校生徒400人近く在籍していたが、一時は42人に減少した。震災だけなら、生徒数はそんなに減らなかっただろうし、復興も早かっただろう。しかし、あの原発が爆発するかもしれないという情報が流れた緊迫の中、「とにかく逃げろ」と言われ、着のみ着のままのような状態で、用意されたバスに乗った。そして北へ南へと全国に散っていき、そのまま戻ってこない人たちも多いと聞いた。

あの時、「バイバイ」と手を振って別れたきり、もう二度と会えないかもしれない……。そんな中であの合唱曲『群青』が生まれた。

群　青

ああ　あの町で生まれて　君と出会い
たくさんの思い抱いて
一緒に時間（とき）を過ごしたね
今　旅立つ日　見える景色は違っても
遠い場所で　君も同じ空　きっと見上げてるはず

「またね」と　手を振るけど　明日も会えるのかな
遠ざかる君の笑顔　今でも忘れない

あの日見た夕陽　あの日見た花火
いつでも君がいたね
あたりまえが　幸せと知った
自転車をこいで　君と行った海
鮮やかな記憶が　目を閉じれば　群青に染まる

あれから２年の日が　僕らの中を過ぎて
３月の風に吹かれて　君を今でも思う

響け　この歌声　　　響け　遠くまでも
あの空の彼方へも　大切な　すべてに届け
涙のあとにも　見上げた夜空に　希望が光ってるよ
僕らを待つ　群青の町で

きっと　また会おう
あの町で会おう
僕らの約束は　消えはしない　群青の絆
また会おう　群青の町で…

*日本音楽著作権協会（出）1404595-401号

平成24年度の卒業生は、東日本大震災当時の１年生でした。106名いた学年の生徒のうち２名が震災時の津波の犠牲となり、97名がその後の原発事故による避難のため、北は北海道、南は長崎まで散り散りとなりました。

4月22日にやっと市内の中学校を間借りして学校を再開したときには学年の生徒はたったの７名となっていました。

ある日、誰がどこにいるのかを確かめながら仲間の顔写真を大きな日本地図に貼り付けていると、生徒たちは口々に「遠いね」「どうやったら行けるの？」「でも、この地図の上の空はつながってるね」などの気持ちを述べました。

その日から、「群青」の詩の核となる生徒たちの日々のつぶやきを綴る毎日が始まりました。

（中略）

「群青の子ら」は「群青の町」で再び集う日を思い描き今日もどこかで同じ空を見上げて頑張っているはずです。そして、そう思い続けることが私がここで今日を生きる力ともなっています。いつかあの美しい小高で「群青の子ら」と再会できる日を信じています。

小田　美樹

＊PANAMUSICA「群青」ホームページ
http://www.panamusica.co.jp/ja/appeal/gunjo/より引用

3 「群青」の子ら

文化祭が近づいたある日、廊下を歩いていた筆者は、流れる合唱に耳を澄ました。心にしみわたってくるメロディ。すごくいい歌だ。「あの歌は何ですか?」と尋ねると、3年生と担任の小田先生（音楽担当）が当時の3年生と作った卒業ソングだという。まず文化祭で発表され感動を呼んだ。そして、2013年3月京都で行われた復興支援コンサート「Harmony for JAPAN 2013」に合唱部が招待を受け、会場に感動を巻き起こしたということだ。そして卒業式。津波で亡くなった2名の友だちの卒業証書も壇上にあった。歌っている卒業生たちが泣いていた。感極まって泣きじゃくっている生徒もいた。送られる人も送る人も万感の思いが胸に溢れていたことだろう。

4 心のケア――カウンセリングと相談

緊急スクールカウンセラーは、被災地の学校において、児童生徒等の心のサポートのための教育相談や教員の支援を実施するのが役割で、教育相談、行動観察（授業中や休み時間に児童生徒を観察し、気になる点を教員に伝えたり、教育相談につなげる）、コンサルテーション（子どもの状況に関して気が付いた点を、管理職や養護教諭・学級担任などと共通理解を図ったり、今後の支援方針を話し合ったりする）、保護者へのサポートなどをすることが期待されている。

我々はそれに加えて、専門の発達相談を大切にしている。子どもたちの発達には凸凹や特性があり、それを理解し、サポートしてゆこうとするのである。星槎教育研究所スタッフはこれまで、不登校・ひきこもり・学業不振の背景にある発達の偏りや特性について、教育実践や啓発活動を進めてきている。それはこの中学校においてもテーマとなるところであった。

文部科学省が２０１２年12月に発表した「通常の学級に在籍する発達障害の可能性のある特別な教育的支援を必要とする児童生徒に関する調査結果について」によると、発達障がいの可能性のある児童・生徒は全児童・生徒のうち６・５％であるという。全国的にこの数は少なすぎると言われているが、この中学校も同様である。

体育の授業を見学したり、授業に参加したりしていると、発達の特性や認知の偏り、運動面の不器用さをもった「ちょっと気になる生徒」が目に入る。特に、いったん各地に避難したが、「その土地に適応できなかった、なじめなかった」「学習についていけなかった」「いじめられた」などの理由で南相馬に戻ってきたケースには、背景にそれらの発達上の特性や個性が見受けられることが多い。

新学期が始まると、カウンセラーが分担して全員のカウンセリングを行い、家庭や学校での様子、悩みなどを聞いているが、それ以外に特性の理解と個別サポートができるように、段取りを考えた。

①発達の偏り・特性について全員対象にスクリーニング
②①で気になる子について、担任の先生から話を伺う。学力・特性とニーズ・家庭での課題・ストレス耐性・変化への対応など
③本人と面談
④必要に応じて心理検査WISCⅢ、WISCⅣを実施し報告書を作成する
⑤保護者（ケースによっては本人にも）担任にフィードバックする
⑥SST、学習支援、カウンセリング、キャリア設計などのチーム支援を行う
⑦どのように変わったかの記録をとる
⑧全校教員と共通理解を図る
⑨WISCと特別支援教育についての研修をする

しかし、全員のスクリーニングまでは難しく、養護教諭と相談しながら②から実施することになった。

筆者と交替で南相馬市の中学に行っていた福井先生が、WISCを実施し報告書を作成してフィードバックした（第6章参照）。できることなら今後、さらに実行しやすい簡便なスクリーニングの方法を考えていきたい。

見えにくい発達の凸凹はどうしても理解されにくく、二次的な症状を招きやすい。

「気づかれずに放置されて失敗体験を繰り返し自信をなくしていく」

「理解されず、厳しい指導や叱責・説教を受けて、わかってもらえない悔しさや怒りがたまり反抗的になっていく」

「誤解されて、いじめられ、被害者意識が強まっていくまたは抑うつ的になっていく」

こうしたことの結果、メンタル的につらくなったり、反社会的行動に出てしまったりするものも出てくるのである。凹の部分を責めるのではなく凸を認めてより伸ばし自信をつけていく関わりが必要である。

「合理的配慮」は特別扱い・ひいきではないこと、ほめることは甘やかして増長させるわけではないこと、いくら愛情から叱っても伝わらなければ逆効果になることを理解し協力してくださった。

それは、保健室での関わりに学ぶことが大きかったのではないだろうか。

5　生徒であふれていた保健室

休憩時間になると、狭い保健室が　養護教諭にかまってほしい中学生であふれかえる。今もその傾向はあるが、２年前はもっと溜まっていた。「熱がある」「つき指した」「のどが痛い」「怪我した、血が出た」……それだけではない。毎日身長と体重を測りにくる子、腕立て伏せをする子、コントをする2人組もいる。突っ伏して泣いている子がいる時は、みんなそっとして入って来ない。緊張で身体がこわばり、凝っている子には、動作法をつかって身体の緊張を和らげる。朝ごはんを食べていない子には、そっと内緒で「お薬」と言って食べ物と温かい飲み物を出す。目をつり上げ肩でカゼを切るように入ってきた子も、優しい目で戻っていく。

ダメなものは毅然とNOを言うが、目を配り、心をくんで、手を当てる……。この保健室の様子を壁越しに聞いていた方がいる。校長先生だ。仮設ゆえに薄い間仕切りで、話が聞こえたのだった。校長先生が率先してやんちゃな生徒たちに役割を与え、それによってみんなから「ありがとう」と言われる場面をつくってくれた。

生徒たちは、毎日様々な悩みを抱えて、登校してくる。しかし、最初の年（2012）と2年目の今年（2013）では悩みの質が変わってきたように思える。2012年は、復興からおいていかれている不安感があった。「テレビなどで復興、復興と騒がれているが、自分たちは、仮設校舎にバスで通学し、狭い仮設住宅に住んでいる。復興からおいていかれているのではないか？」全国に散って行った友だちを思って、取り残された不安感と怒りがあった。「戻りたい！　でも、戻っても、昔には帰れない。友だちを返して！　原発が憎い」。自責の念もあった。「地震の後、すぐに自分が電話すれば、お祖母ちゃんは津波にのみ込まれず助かったのではないだろうか？」避難先で気がねしてご飯のおかわりができなかったから、食べないことに慣れて少食になったという女の子もいた。

２０１３年になっても思春期だから悩みは尽きない。友人関係、勉強の悩み、カッとしやすい自分の性格、進路のこと、親との関係、両親の離婚問題、仕事がない親への心配……でも過去を振り返るのではなく、前向きに前進していく中での悩みに変わってきたようだ。

6　未来につながる学習サポート

勉強の遅れが進学への不安やあきらめを生じさせていることもある。その子のつまずきと認知特性に合わせた学習支援を行うことも大事である。

発達の凸凹が大きい生徒たちは自分の凸（強味・できるところ）は「みんなもできる、できて当たり前」と思い、凹（苦手なところ）で「こんなこともできない自分はダメダメ」と自己肯定感が低くなりがちである。それでやる気を失い、「どうせ、おれバカだから……」とあきらめたり、未来に希望を持てなくなったりするケースもあり、とてももったいなく残念なことである。

本人の強みと困っているところの把握によって、見えなかった能力の発見にもなり、生徒本人の自信にもつながっている。得意なところをフィードバックし、苦手なところをカバーする勉強方法をいっしょに考えて、できるようになるとイキイキしてくるのがわかる。

先生や親から凹を指摘され叱られながらやらされるのと自分で凸に気づいて自主的にがんばるのでは、モチベーションも成果も違ってくる。後者の姿勢になるためのサポートが筆者の一番の役割だと思っている。そのために何ができるのだろうか？　どうすればいいのだろうか？

一人ひとりを、笑顔と元気と自信が生まれる言葉で包みたい。

一人ひとりから、悔しさや怒りのエネルギーを吸い上げて鎮めてあげたい。

一人ひとりに、愛されている実感を届けたい。

できる実感をたくさん味わって、自分に自信を持って未来を切り拓いていってほしいと思う。

第6章 小学校・中学校訪問を通した関わり

I 個別面談からみる様子

今中紀子

いまなか のりこ◉星槎教育研究所。スクールカウンセラー。2012年4月から南相馬市の3つの小学校、さらに2013年4月からもうひとつの小学校の訪問を行っている。

1 2012年度の小学校の概要

津波という自然災害だけではなく、原発事故による放射線災害という日本が経験したことのない状況は、小学校に特異な環境をもたらし、教職員に多大な負荷をかけていることを感じる。小学校では、子どもたちの元気な声で私たちも元気づけられるが、家族構成の変化や仮設での生活が、子どもたちに影響していることは少なくない。

南相馬市のこの地区の中学校のグラウンドには2階建てのプレハブ校舎が建っている。1階にこの地区の小学校、2階に別のふたつの小学校が入り、2階では合同で授業を受けている。統合ではないので、校長室には、3名の校長がいる。同じく教頭も3名、養護教諭も3名が在籍している。この状況からも、通常の学校運営とは異なり、3校の行事や施設使用の調整、教職員の配置などが必要で複雑化している。

1クラスの生徒数は、4年生の11名が一番多く、2年生は5名と、どの学年も生徒数は少ない。管理職も授業に入る機会を多く作り、生徒との関わりを大切にして、状態を把握している。子どもたちにとっても、たくさんの先生が指導してくれるのは良い点でもある。

筆者はスクールカウンセラーとして、こうした学校に入り、子どもたちや先生たちと関わってきた。1年のうちにも、企業や団体からの寄付で小学生が遊ぶスペースにベンチを設置し、子どもたちがゆったりと時間を過ごすことができるようになったり、花壇に色とりどりの花がたくさん植えられ明るい校庭になったりと、環境が目に見えて良くなるのがわかった。ある養蜂所から1階、2階それぞれに寄贈された本は、子どもたちが喜びそうなジャンルがいっぱいで、高価な本も多数あった。こうした本は、先生や父親ボランティアの手作りの書庫に並んでいる。本を借りに来た子どもたちが「ここの本全部読むんだ」と楽しそうに話してくれる。

書庫は、ひとつの教室をロッカーで半分に区切った所にあり、半分が保健室になっている。この書庫のある片隅を筆者たちスクールカウンセラーは相談室として使っている。

2　2013年度の小学校の概要

2013年からは、今までの2校に加えて、さらにもうひとつの小学校がこのプレハブ校舎に入ってきた。プレハブ校舎には、校長4名、教頭が4名、養護教諭4名。ますます運営が複雑になった。

この年は、春休み中に、ブランコ、うんてい、滑り台、回旋塔などの遊具が設置された。運動量が減っている子どもたちにとって、やっと小学生らしい遊びが戻ってきた感じであった。また特別教室も増設された。音楽室、理科室、図書室、多目的室、学童の部屋ができて活動の幅が広がった。多目的室では、雨でも運動会や学習発表会の練習もできるし、ボランティアが絵本の読み聞かせをしたり、パントマイムのパフォーマンスに子どもたちが心から笑って楽しんでいた。環境があってこそである。このように少しずつ学校らしくなってくる中で、教育に必要な諸々のことがこんなにも時間がかかるものなのかと、対策の遅さに疑問を感じる。

子どもたちは、仮設住宅から保護者の送迎でくる子どもと、チャーターバスの子どもに分かれている。バスは、終わりの会終了後すぐに出るので、補習ができず学力が追いつかないとか、放課後の遊びが少なく運動不足であるため、肥満傾向の子どもが増えるなどの問題が生じている。

校舎環境は少しずつ良くなっているが、水泳に関しては中学校のプールが深いため、他の小学校のプールを借りている。調整も大変で、バスでの往復に時間をとり、楽しみにしているプールの時間が短くなってしまい、かわいそうである。プール授業では、プールに入るかどうかのアンケートを保護者に取るが、まだ数名放射線を気にして、拒否の回答をする家庭もある。そのような生徒は学校に残って自習等になる。集団で学ぶ大事な時期で全員プールに入れたいが、学校側としても100%安全とは言い切れない以上、何も言えないという。

学童保育は、4校が共同で利用しているので、とても賑やかである。1階と2階の児童の交流は1年を通してあまりないのだが、ここでは上も下も学校名もなく、皆一緒でけんかもあるが仲も良い。

2012年度の卒業式では、3校が体育館・武道館・教室と各々別々の場所で式典を行った。昨日まで、仲良く仲間として勉強してきたのに、卒業式は別々で、複雑な想いもあったと思うが、子どもたちの答辞は素晴らしく、前向きだった。

校歌を歌う時は、子どもたちは、3校の校歌を覚えていて見事に歌う。ただ一番だけなので、先生方の中には、自校の校歌を最後まで歌わせたいという想いがある。各学校の伝統を守るという強い意思も感じられる。ただ震災からもうすぐ3年が経とうとしている今、仮設のプレハブ校舎しか知らず、本校を知らない学年が増えていくことも事実である。

3　個別面談からみる子どもの様子

先生方は子どものＰＴＳＤを心配し、筆者らによる個別面談を実施することになった。そこで2012年の1学期は、各学年を回って授業参観や指導を行い、休み時間は一緒に遊び、給食もクラスで食べ、仲良くなることに重点をおいた。2学期には、ゲームを取り入れたソーシャルスキルトレーニング（ＳＳＴ）授業で、距離間がさらに縮まり、名前も憶えてくれた。このような段階を経て、2学期中盤から個別面談はスタートした。

震災については、以下のような声が子どもたちから聞かれた。

- 大きな家から仮設に引っ越しして狭いとはいえ、不満は感じていない。家族と一緒でよかった。
- 仮設なので、祖父母と同居できなくなり、寂しい。
- お父さんに前の家から自転車を取ってきてもらった。
- 昨年は、地震が来ると怖いと思ったが、今は大丈夫。
- 被災後に何か所か転校して、前の友だちと別れるのがつらかったが、今は帰って来てよかったと思う。

- 避難先で皆によくしてもらったことが嬉しかった。帰って来てからも、何回か呼んでくれて、それが楽しみ。
- ペットを飼える仮設に行けなかったので、まだ一緒になれず寂しい。

直接的な震災のことより、関連した話や、特に現在の住宅事情の話が多い。悩みや心配事として話してくれることは、友人関係が一番多い。特に女子は仲間外れにならないように神経を使っている。震災で生徒数が減少し、グループが固定化されるとなかなか仲間に入りにくい状況を生み出している気がする。また学習面では、遅れを気にしている児童が多い。先生方の話では、避難先でうまく馴染めなかったり、学業のスピード感が合わずに帰って来たりしている児童も多いので、全体の学力は厳しい面があるという。

6年生は震災後、入学する公立中学を選べることから、友だちを優先してA中学校に行くか、部活を優先してB中学校に行くかで3月まで悩み、他のことに集中できないでいる児童もいた。親が原発関係の仕事で、勤務先がどうなるか決まらず、他県への進学もあるかもしれない児童は、自分ではどうにもならない状況に不安を抱えていた。「決めた！」と報告してくれたホッとした顔が忘れられない。

2年目は、面談に慣れ、座るとすぐ学校での困り事など話しはじめる子どもが多かった。やはり学校での人間関係が多い。5年生の女児は母親との関係がうまく行かず悩んでいるので、面談したいと担任に申し出るなどしてきた。家族や担任以外に相談できるという環境作りが定着していく兆しも見えてきた。

4　個別面談からみる大人の様子

冒頭に教職員の負荷と書いたが、震災直後の1年は、とにかく学校を再開して児童を呼び戻さなければと一同のベクトルが一致し、自分も被災者でありながら自分のことは二の次で奔走したという。筆者たちが訪問を始めたのは、震災1年後、そして面談はその秋、先生方に対しても行われた。先生方は疲れていた。一致していたベクトルは、学校が少しずつ学校らしくなるのと反比例して、個人の環境の違いや想いのずれが生じてきて、エネルギーが減少しているという。でも皆が大変なんだからと思うと、口に出せず、気持ちがますます重くなるという。子どもは可愛いが、自分の家族のことも我が子のことも考えると今の状況を続けてよいのかという苦しい胸の内も話してくれた。また、2校での運営も最初は大変であったが、やっと形になってきたところに、次年度は3校になるという話がきた。今までのような労力をかけられるか、うまくいくのか大きな不安と心配があるという。

2回目の面談では、初年度よりもっと先生方は疲れを感じていた。学校が各々自校で再開するのを前提に学級運営をしているが、帰れる可能性があるのか、学校の伝統や理念を継続できるのか、自分の力のなさに教職の仕事自体に揺れが生じているという。真面目で、一生懸命に取り組んでいるだけに、先の見えない今に大きな不安と疲れを感じている。「もうこの環境で仕事をしていく自信がない」という声も少なくなかった。

継続的に面談している保護者もいる。初めは、子どもの発達のことだったが、自分のことに至る。カウンセリングなどはじめてなので不安もあって、初めは固く口も重かったが、話していくうちに楽になった、もっと話したい、話せてよかったと言ってもらえた。仮設の中で、なかなか親しい人ができず、孤立している様子が見て取れる。話せる人が近くにいないという人は、多いのではないかと思う。子どももいて、家族もいる母親でも、時に一人でどうしたらよいか不安になるのだから、自宅から離れ、仮設で一人暮らしをしている人の孤立感はどんなであろうかと胸が痛む。

今後も先生と児童と保護者の三者の関係の中に、スクールカウンセラーがうまく関わり、話を聞いたり関わったりしていくことは、必要なことであり、少しでも力になることができればと思っている。

Ⅱ　関わり合いを通して個別面談につなげる

中澤敏朗

なかざわ　としろう◉星槎教育研究所。2012年4月より、スクールカウンセラーとして南相馬市の小学校に通っている。

1　年間の取り組み（概要）

2012年4月より、スクールカウンセラーとして南相馬市の小学校に通っている。筆者が通っている小学校は、津波・放射線の影響により使用できなくなった校舎から移った学校である。放射線量の低い地域の中学校校庭に2階建ての仮設校舎を立て、4校（2012年度は3校）約180名の児童（震災前は約700名）が在籍している。1階は1校、2階は3校合同でそれぞれ校長、教頭が4人いる。

1学期はカウンセリングや個別面談よりも、授業参観をしたり、休み時間を通して児童と関わり、気軽に話せる関係作りに努めた。放課後は、担任とのコンサルテーションを行い、児童の認知特性に応じた支援方法、保護者との関わりについて助言を行った。

2学期の初めに、学校からの要望により「ソーシャルスキルトレーニングを兼ねた学級活動」を低学年、中学年、高学年に行った。「①体験活動を通して、考える・感じる・理解する・伝える・行動する・応用する力を養う、②体を動かすことにより、生活環境の変化等のストレス発散を促す、③集団活動をすることによって、協調性を大切にして仲間作りをする素地を高める、④様々なことに直面し、自ら問題を解決する力を身につける」ことがねらいである。

2学期の終わりから3学期にかけて、全学年でソーシャルスキルトレーニングの授業を行った。担任の要望や行動観察で得た情報を基に授業案を作成。授業前にソーシャルスキル尺度のアンケートを実施。実施内容は、学年ごとに難易度は異なるが、「アンガーマネジメント」「ふわっと言葉」「アサーティブな言い方」をメインに授業を展開した。実施後、再びソーシャルスキル尺度のアンケートを実施。実施前との変化を検証した。

以下、子どもと子ども、子どもと担任、子どもとカウンセラー、担任とカウンセラーとの関わり合いを深めることを目的に行った活動の一つ、「ソーシャルスキルトレーニングを兼ねた学級活動」を紹介する。

⑴ ソーシャルスキルトレーニングを兼ねた学級活動――導入プログラム

①準備体操：飛行機のポーズで10秒間バランスを取れる児童は、高学年になるほど少なくなっていた。

②３つの質問（全学年実施）：「名前」「好きな食べ物」「趣味」「好きなＴＶ番組」を伝え合い、所定のプリントに記入。事前に「声のかけ方」「質問の仕方」「答え方」「感謝の気持ちを伝える」練習を行った。

活動の様子

「名前」の欄……仲の良い友人同士で回答しあっていた。高学年の男子は女子に話しかけることをためらう傾向にあった。

「好きな食べ物」の欄……果物類は３人に１人、肉料理は３・５人に１人が好きと回答。

「趣味」の欄……３人に２人は家で遊ぶものを回答（内、ゲームは53名）。体を動かす遊びは25名。

「番組」の欄……20時、21時台のTV番組を中心に回答。

友人の名前を「~ちゃん」「あだ名」で書くなど、日頃の友人関係の様子が見られた。漢字の使用に関して、学年によって変化が見られた。例えば、2年生で自分の名前を漢字で書ける子は14人中2人だが、3年生では14人全員が書ける。4年生は13人中7人が漢字で書いている。プログラム中に各学年で1組は、質問に答えること、記入することに時間を要した。この用紙は回収し、データ化後、担任にフィードバックした。書字、交友関係、家庭の様子など、プリントから読み取れる情報はいろいろある。また、児童一人ひとりにコメントを書いて返却した。プログラム実施で終わるだけでなく、地道なアフターフォローの積み重ねが児童、担任との信頼関係の構築につながると考える。

(2) ソーシャルスキルトレーニングプログラム

①**おみこしわっしょい**（全学年実施）：異学年同士でペアを組めるようにグループ分けを行った。2本の棒を互いに持ち、棒の間にボールを乗せ、落とさないように運ぶゲーム。相手のペースに合わせた動き・声かけ（他者への配慮）がねらい。上級生が下級生を上手に誘導していた。また、持ち方を変えるなど学年ごとに難易度を変えた。

②**新聞紙島**（3・4年のみ実施）：先生とグループの代表が広げた新聞紙の上に立ち、じゃんけんを

校長・教頭・担任も参加して児童と交流した

して「負け・あいこ」だったら、新聞紙を半分に折っていく。最初のジャンケン後、4、5人ほど新聞紙から出て半分に折っていた。徐々に新聞紙が小さくなると、グループ内で意見を出し合い、おんぶや片足立ちをするなどして新聞紙の上に乗っていた。

③同じ答えはイヤ！（5・6年のみ）：グループで話し合い、お題（①筆者の身に付けているもの、②秋の食べ物、③スポーツ）に対する答えを他のグループと同じにならないように書く。グループ内で協力して一つの答えに絞るために、相手の意見を尊重することがねらい。

④手つなぎ鬼ごっこ（全学年実施）：1人1回鬼をする機会を作り、最後に担任が鬼となった（児童と遊びを通して、さらなる信頼関係の構築を図ることがねらい）。鬼が担任であるパターンが一番盛り上がった。担任と遊ぶことも、児童にとっては嬉しいようである。

⑤整理体操（深呼吸）：呼吸を通したリラックス法を伝えた。

2 信頼関係の構築から個別面談につなげる

(1)・(2)のプログラム実施後、筆者と児童との距離が縮まり、あいさつや休み時間に「一緒に遊ぼう」等、児童から声をかけてくれることが多くなった。ゲームの話をしたり、鬼ごっこやサッカーをするなどして関わり合う時間を増やしていった。学習の場では見えにくい児童同士のやりとりを知ることができた。自分の気持ちを話してくれるなど貴重な情報を得ることも少なくない。

こうした関わり合いを地道にやっていくことによって、「この人なら自分の気持ちを話しても大丈夫かな」と思えるような体制となり、個別面談につなげることができた。個別面談に入る前には、ストレスアンケートをとり内容やコメントをもとに児童一人ひとりの気持ちを聞いた。実際の面談では、震災関連よりも、親、きょうだい、友人などの人間関係、自分の気持ちをわかってくれない悔しさ、学習面での困り感などを訴える児童がほとんどであった。

3 年間活動を振りかえって

子ども一人ひとりが生き生きと暮らせるにはまだまだ支援は必要であるし、課題は山積である。

「百聞は一見にしかず」という言葉があるが、実際の現場を見て感じ、関わり合い、その上で何ができるのかを一緒に考え実践し振り返り、再び現場に落とし込んでいくような地道な活動こそが、福島の復興、すなわち日本社会への貢献につながっていくであろう。

†参考資料

ＬＤ発達相談センターかながわ 編著（2010）『あたまと心で考えようＳＳＴワークシート――社会行動編』かもがわ出版
ＬＤ発達相談センターかながわ 編著（2010）『あたまと心で考えようＳＳＴワークシート――自己認知・コミュニケーションスキル編』かもがわ出版
兵藤ゆき・飯田覚士 著（2008）『脳を育てるからだ遊び』ビジネス社
國分康孝・國分久子 総編集（2004）『構成的グループ エンカウンター事典』図書文化
星槎教育研究所 編著『U-SSTソーシャルスキルワーク』日本標準
星槎教育研究所 編著『クラスで育てるソーシャルスキルワーク』日本標準

III　個性と特性——ある中学校の取り組み

福井美奈子

ふくい　みなこ◉星槎教育研究所。2012年5月から南相馬市の中学校でスクールカウンセラーとして子どもたちの心のケアを行っている。

1　南相馬への派遣

〝校舎も仮設、住居も仮設、何もかも仮設〟

最初の訪問時に先生方はこうおっしゃっていた。今もこの状態は大きく改善していないと感じることが多い。文部科学省の緊急スクールカウンセラー派遣事業により、2012年5月から南相馬市の中学校での活動を開始し、まもなく2年が経とうとしている。当初、生徒指導に関する支援にご期待いただき、「安心・安全な環境で学習や様々な活動を行う」ために、後に発達検査を実施し、生徒の実態に対する理解を共に深めることとなった。

この中学校でお世話になって考えることは「個性と特性」についてである。子どもが持っている「特性」を「個性」と捉えるために、大人側がどうそれらと向き合うか。そもそも「個性」と「特性」はどう違うのか。先生方との取り組みから考える。

本校は、全校生徒４００名前後の学校だった。避難の関係で再開当初40名前後の小規模校となったが、震災半年後ぐらいから戻ってくる子どもが増えた。それでも、現在も生徒数１００名前後である。１学年１クラス。約30名の小ぢんまりとした、教職員の目が全員に届く環境である。生徒たちに「学校は安心して過ごせる場所である」と感じさせることを目標に掲げたという。震災で受けた心の傷と丁寧に向き合う一方、震災２年目以降、状況が落ち着いてくると、生徒たちが震災前から持っていた「学びにくさ」「コミュニケーション力の弱さや偏り」が目立つようになっていく。私がこの中学校へ派遣されたのは、発達課題を抱え、学習などに自信を失いかけた生徒の対応について目を向ける時期だったと思う。こうして、１年目は「震災14か月後　心と体のアンケート」の実施と、得点の高かった生徒の面談からスタートし、生徒状況を多面的に把握するため心理検査も実施することになった。

面談実施が決まった後、筆者は警戒区域指定解除直後（当時）の校区を回った。学区内の小学校とそれぞれの地域、生徒たちの日常生活にはどのような景色があったのか知りたかった。知らないまま生徒たちの話を聴くことは、かれらの負担になるような気がしたからである。倒壊したままの家、津波に運ばれて道の脇にひっくり返ったままの自動車や船、海水の引かない湿地のような田畑、切れたままの堤防……。夕方ごろ訪れた本校舎は、地震発生時のまま時が止まったようだったが、校門近くのツツジが美しく咲き誇っていた。

2 中学校の取り組み

生徒の中には津波で友人や身内を亡くして喪失感を抱く者もおり、かれらは小さな物音や余震に過敏で、確かに不安や苛立ちを感じていた。震災後1年経過して始まった我々の活動だが、どこかで「震災の記憶が直接もたらす心理状態」が見られ、ふとしたきっかけで揺れの恐怖や避難の記憶が蘇っていることがうかがわれた。筆者自身も、阪神・淡路大震災の時の揺れが1年近く体に残り、余震や物音に怯えた経験があったため、落ち着かない気持ちが理解できた。生徒のひとりは面談でこう話した。

「避難先では皆が良くしてくれ、友だちもできた。出会えてよかったし、震災がなければ出会えなかった友だちです。でも、震災がなければ、以前の生活を失うこともなかった、そう思うと複雑な気持ちになります」

体格が良くいつも陽気に見えた生徒も、次のように話していた。

「地元の海を見に行ったら、途中で気持ちが悪くなって結局あまり見られなかった。多分、リゾート地のような海なら平気だと思う。でも、地元の海は震災を思い出すからダメだ」

さらに別の生徒は、津波に飲まれてしまった祖父を思い、「助けられたのではないか」と自分を責めることがあると話した。自宅に戻れず、仕事の都合で親が単身赴任となり、二重生活を余儀なくされるケースもあった。避難先から戻らない友人と離れ離れになり、喪失感を抱く生徒もいた。

震災に関連する内容と並びあがった悩みは「どこの地域・学校でも同じく出てくる困り感」だった。勉強がわからない、友だちとケンカした、運動がうまくない、家族関係が良くない、進路設計が進まない、自分に自信が持てない……多くの中学生が抱く悩みを生徒たちも口にした。一般的な中学生と異なる点は、住居、友人・家族関係、学校など「当たり前にそこにあるもの」を失い、あらゆる基盤や土台を失っていることである。

継続的に訪問して感じたことは、大人も子どもも2つの喪失感を持っているのではないかということである。津波によって「何もなくなった」こと、原発の影響で「戻れなくなった」こと。これらによって生活面も精神面も疲弊し、将来の展望を描くことが困難になり、アイデンティティ確立の危機にさらされているのではないか。未曾有の災害がつけた爪あとは、時間の経過とともに「自己形成の基盤」の弱体に影響が出るものと思われる。

2013年度は、家族関係や友人関係、学習面など、直接震災に関係しない項目を含めた包括的な内容で全生徒を対象とした面談を実施し、アイデンティティ確立期に直面する生徒の状況把握に努めることとした。

3　WISC-Ⅲの実施

生徒たちの多くは、休み時間や放課後のスクールバス出発待ちの間に保健室へ向かう。保健室には養護教諭がいて、頭痛、腹痛、足の痛み、熱っぽいといった身体的不調を訴えるほか、悩みや不安を話しに来る子どもも多い。教室が「きちんとする」場であるならば、養護教諭に話す内容は生徒たちの「本音」であり、先生の前で見せる姿とは異なっていた。自分が何者か、何ができて何がまだできないのか、思春期の「自己」確立段階で現れる漠然とした不安な気持ちを、保健室が受け止める場のひとつとなっている。

生徒たちの「本音」を耳にし、生徒たちの見方を真っ先に変えたのが、校長先生だった。2012年度は校長室と保健室がパーテーションで区切られているだけだったので、校長先生は生徒たちの本音を直接耳にすることとなった。仮設校舎が生んだ偶然により、保健室で話を終えた生徒の変化を驚きを持って受け止め、その後、不安の軽減や生徒各々の特性について柔軟に対応できる素地を作ってくださった。また、各先生方のご協力をいただき、行動観察や学習支援で教室に入らせていただき、生徒の学習状態を把握する機会を得た。一斉授業について行けない生徒でも、横について個別に対応すると学習が進むことがたくさんあった。中学校では養護教諭がコーディネーターの役割を担っていて、学習の成果や保健室での関わりなどを通して心理検査の必要性を訴えてくださった。「生徒の能力を正確に把握し、卒業後の進路を含めた今後の教育に活かす」ことを目的に、ＷＩＳＣ-Ⅲという検査の実施が決まった。この検査によって、生徒自身が持つ能力を客観的に捉え、得意・不得意を本人に伝えることで自己形成の土台になることが期待された。

養護教諭、担任と話し合い、保護者の了承のもと、２０１２年度は5名、２０１３年度は12月現在で11名実施している。対象となる生徒は、書字、学習の定着、対人関係の難しさなど学校生活で見受けられる様子をもとに決定し、また結果はすべて所見を作成後、保護者との面談で伝え、希望があれば本人への説明を行っている。また、生徒の担任へも結果を伝え、今後の対応についてコンサルテーションを行った。生徒の様相は「学業不振」や「不登校」「反抗的な態度」といった形で現れるため、その行動や現状の裏にある発達課題について伝えることで、「特性」という視点で生徒理解を深めていただけるようにした。さらに、２０１３年12月には依頼をいただき、職員室全体で生徒を受け止めていただけるよう、検査を実施した生徒の事例検討会を実施した。そこで、２０１３年度に一部教科に導入されたチームティーチング（ＴＴ）制度と合わせ、さらにきめ細かい体制の重要性を伝えることができた。

4 個性と特性

勉強ができない、自学が定着しない、やる気がない、反抗的な態度を取る、進路設計について考えられない、対人関係の築き方に問題がある、学校に足が遠のく……。これらの「困った問題」は被災地の学校に限ったことではなく、どこの学校にでも起こる「ありふれた光景」だと思う。しかし、大人から見て「困った問題」が、実は当の生徒たちにとっても「困った問題」なのであるという視点で子どもたちを見ることは意外と難しいのである。問題行動と言われるものは、生徒たちが「困っている」と訴える心の声なのだが、前述のように学校や教室は「きちんとする場所」であって、どうしてよいかわからず困っていることを軽々しく口にできない雰囲気がある。現在、中学校では、「困っているのは子どもたち自身である」ということを正面から見つめ、子どもたちの自己の確立を支える取り組みが続いている。これまでの生育歴、家族関係、震災の影響、本人の特性を総合的に考え、受け止めること。これは生徒一人ひとりの凸凹を「個性」と捉えるために必要な視点だと、2年間の活動を通して改めて感じることができた。

隣接分野にもかかわらず、教育現場と心理は混ざり合いにくい面があるとこれまで感じてきたが、我々の活動は、学校の教育活動に心理検査が活かされた例として捉えることもできるかもしれない。人はひとりとして同じではなく、違うことが当たり前である。人ひとりを形成するものの背景を理解することは、子どもたちの困り感を理解する手立てになる。否定されず受容されることは、子どもたちの足元を強くするものであり、「あなたはあなたで良い」と肯定された子どもは、他の子どもにもそのことを伝えられる人になる。

小規模校となったこの中学校は、特性を持った生徒が学級に混じりにくく、浮いて見えることから、一人ひとりの生徒の真の姿を見ていく必要があった。避難先でなじめず戻ってきた生徒もいる。震災前と同じ規模なら目立つことがなかった「困り感を持つ生徒」が、特性を理解され、それが個性として認められていくことは、二つの喪失感を抱く南相馬の子どもたちの未来に灯りをともす教育活動の実践となるのではないか。何もかもが仮設の学校で育まれた生徒たちの前途に、自分の足で立つ人生が拓かれることを願っている。

スペシャルレポート3

予備校教師としての関わり

代々木ゼミナール講師◉
藤井健志

はじめに

私は東京大学医科学研究所上昌広先生の東京大学剣道部時代の後輩で、現在は大学受験予備校代々木ゼミナールの現代文・小論文講師として首都圏をはじめ全国の校舎の教壇に立っている。

震災後間もなく、上先生と顔を合わせた時、「医療の次は必ず教育面での支援が必要になるはず」と声掛けをされた。その時、上先生も私も、予備校講師が被災地においてどのような役割を果たせるものか、具体的にイメージできているわけではなく、まずはTwitterやFacebook等も利用して情報共有を密にしておこうと約束した程度であった。

しかし、具体的な支援活動を始める機会はほどなく訪れた。東京大学経済学部の松井彰彦先生の研究室で福島県立相馬高等学校の教員と生徒が特別研修を行うという企画があることを耳にした私の方から、入試現代文、ならびに大学進学に関する特別講義も併せて行えないかという提案をさせていただいた。すぐに上先生が松井教授につないでくださり、思わぬかたちで「予備校と大学のコラボレーション」が実現したのである。

通常は都市部を中心に校舎展開し、ビジネスとして教育サービスを提供する側面の強い大学受験予備校の講師であるが、その私たちが、ビジネスを抜きにして、相馬高校をはじめ近隣の中高生と出会い、共に学び、また多くの福島県民の方々と交流を持つという貴重な経験をしえたのは、皮肉なことに、震災・原発事故という過酷な災害を契機としてであった。

相馬高校での特別講義

東大経済学部での講義当日は、代ゼミが提供してくれたセンター試験に関する自習用教材約1500冊を配布し、「焦る必要はない。通常授業が受けられない今だからこそ、先に入試問題の実際について情報収集をしてしまおう」というアドバイスを送った。「学校で一通りのことを習ったら過去問」という流れを常識と考えていた地方の高校生にとってこれは驚きの指導であったようだが、その後も月に一度のペースで私が相馬高校を訪れて行った特別講義も後押しとなっただろうか、翌年以降の大学入試において相馬高校は素晴らしい実績を残すこととなる。

それまでは、例年国公立大合格30名程度。難関大合格の象徴は東北大、福島県立医大というところであったのが、2012年入試では国公立大学に42名合格。東北大2名、福島県立医大2名、それ以外に京都大学、一橋大をはじめとするいわゆる難関大にもそれぞれ合格者を出し、さらに2013年入試においては相馬高校12年振りの東大合格者を出したのである。県内から8名のみであった東大合格者のひとりを被害の大きかった浜通りにある相馬高校から輩出したことは、全国のメディアでとりあげられ、大きな話題となった。

もちろんこのような実績を月に一度予備校講師が訪れた程度ではあげられるべくもない。この大躍進にはいくつかのポイントがある。

まずは何よりも「学ぼう!」という生徒たちの主体的な姿勢である。ピンチをチャンスに変えようとする高校生たちの精神力と実践力。これこそが根源の力である。

そして、かれらを指導する教職員の熱意と愛情。その中心にいた松村茂郎先生には、相馬高校の卒業生が入学することとなった2013年の東京大学入学式において「松村先生、ありがとう」と名指しで感謝の辞が送られたほどである。混乱の中で学校内部をまとめ、外部からの支援をうまく取り入れるかれらの力は真に賞賛に値するものである。

外部からの力といえば、松井彰彦先生とそのゼミ生、またそのネットワークによって相馬に足を運ぶ多くの大人たちの存在である。そこにもたらされる知識、教養も素晴らしいものであるが、その学びの場において実社会で活躍する多くの「先輩」たちに触れ合うことで、高校生は圧倒的に具体的なかたちで夢や目標を持ちやすくなるのである。また、宮澤保夫会長をはじめとする星槎グループスタッフの皆さんの存在。かれらが我々外部から訪相するメンバーの交通、宿泊の手はずを整え、現地での活動をバックアップしてくださったからこそ内外の力がひとつになった。

そうした環境が整い、モチベーションを高めているところに提供する予備校講師の受験技術だからこそ、月に一度でも大きな力を発揮できた。一面的なかたちで不自然な力が働くだけではあれだけの成果は生まれなかったはずである。

剣道を通じての交流

「今度会う時は福島で剣道をしよう」。松井研究室での特別講義に参加していた相馬高校剣道部員と私はそんな約束をした。学生時代、私は上先生と共に、元警視庁剣道部主席師範で福島県出身の故小沼宏至先生の指導を受けていた。その我々が、20年の時を経て、今度は福島の高校生に「ご恩返し」できることとなった。

このいわば「剣縁」はその後も広がり、深まって、かれらが東大剣道部の道場で首都圏の高校生と剣を交える機会に結びついた。また、東大剣道部ＯＢから多くの協力者が訪相して稽古し、またその他教育支援にもあたっている。復興庁勤務の後輩は公私ともに被災地を支援しており、在学中にソウル大との交流戦を通じて親しくなった韓国人剣士を伴って相馬高校剣道部を訪れた。また大学院で研究を続ける後輩は福島の小学生たちの学習支援にもあたってくれている。

「剣縁」による支援の輪は東大剣道部にとどまらず、東京医科歯科大、慶應大、明治大……と他大にも広がり、また鹿児島の島津義秀氏による相馬高校剣道部での薩摩自顕流稽古、東大剣道部でトレーニング指導にもあたっているアテネ五輪自転車競技銀メダリスト長塚智広選手をはじめとするトップアスリートによる陸上部指導……と剣道という競技を超えた広がりもみせている。

それらの広がりのなかでも素晴らしかったのは、筑波大学剣道部鍋山隆弘監督の協力である。PL学園から筑波大学を経て、専門家として剣の道を歩む彼は私の少年剣道以来の同期。福島での支援活動について元神奈川県警主席師範で現東大剣道部師範の小林英雄先生と雑誌『剣道時代』で対談する機会をいただいた折に、少年剣道時代の思い出として鍋山監督との対戦の話をしたのをきっかけに、関係者の心遣いもいただいて20数年ぶりに再会。その場でいきなり「福島に行ってほしい」と頼むと、彼は快諾して福島まで来てくれた。相馬泉武館、相馬高校が現地での活動の拠点となってくれたおかげもあって、日本を代表する剣士による一般、中高校生向けの稽古、指導が相馬で実現した。彼の来相は大きなインパクトとなり、彼に声をかけられたことで剣道、進学の意欲を高めた子どもたちが非常に優れた活躍を見せてくれている。勉学だけでなくスポーツ、武道においても、やはり現場を訪れ、具体的なお手本となる人物は若者にとって何よりの「教材」となる。

高校生・大学生同士の交流

松井研究室での特別講義当日、私は福島の高校生と連携したいという都内の高校生を同行させた。それをきっかけに、夏休みには都内の高校生4名が相馬高校に宿泊するなど直接の交流を深めると同時に、IT企業の協力を得て、東京と福島の高校生専用SNSサイトを自分たちで運営するという現代の高校生らしいチャレンジも続けた。また、紅白歌合戦でアイドルグループ「嵐」によって歌唱された歌「ふるさと」を皆で合唱するため、NHKや関係芸能事務所の協力を得たのもこの高校生たちの力であった。

また神戸の灘中学・高校の生徒も相馬高校とのネットワークを結び、相互に行き来している。2013年度の灘校文化祭は私も協力させていただいたが、東日本大震災に関連して各界で活躍する人物へのインタビュー集の刊行や現地取材に基づく情報や事物の展示など非常に立派なものであった。「阪神大震災の中で生まれ、多くの人に助けられながら育った人間として、その能力に見合ったかたちで社会に発信するのは僕らの義務だと思うんです」というある生徒の言葉は本当に頼もしく、かれらのような若者が育ってくれるなら自分たち大人もまだまだ頑張れると思った。

ここで紹介したふたつのネットワークは上昌広先生の研究室をハブにして結びつき、今やOB大学生として東京大、京都大、お茶の水女子大、東京工業大、慶應大、ハーバード大……とそのつながりを世界に広げている。

おわりに

大学受験予備校にもいろいろあるが、代々木ゼミナール、駿台予備校、河合塾といったいわゆる大手予備校は全国の受験生の成績、動向を把握しうる力を武器にした民間企業的ビジネス色を強く持ちながらも、法律上は学校法人である。そこで学ぶ生徒はもはや高校生ではなく、いまだ大学生たり得ない「浪人」生だ。さらに我々予備校講師は、その予備校の仕事を請負のかたちでこなす外部の人間という側面を持ちながら、一方では内部扱い、たとえば「代ゼミの藤井先生」と認識されるような存在である。教育界でもいわば「生粋のグレーゾーン」にあるのが予備校であり、そこで生きるのが浪人生、そして我々予備校講師なのだ。

しかし、だからこそ想定外の現実を前にして、個人個人が機動力を持ってその能力を発揮し、教育界の「アリエネ」、つまり既存の価値や枠組みにとらわれぬ新たな価値創造の源泉たりうるのではないだろうか。実際、東日本大震災の地震、津波、原発事故という過酷な現実を前に、地方の教育の正道にある公立伝統校の相馬高校と、教育界の外縁にありながら都市部を中心に活動してきた予備校講師が出会い、共に学ぶ中で、互いにとっての新たな可能性を拓いている。学校は決して自己完結的で閉鎖的なものではなく、外部との連携でその教育効果をさらに高められる場である。予備校は決して「自分だけが合格したい」というエゴを満たすだけの場ではなく、その特性を活かして、堂々と社会貢献できる。

相馬高校の卒業式に来賓として出席させていただくというこの上ない幸せをいただいたその日、巣立っていく生徒たちからいただいた色紙のメッセージのひとつを最後に紹介させていただきたいと思う。

「東日本大震災という辛い経験が私たちの縁の始まりでした。震災がなければ藤井先生に出会うことがなかったと思うと、震災は悲しい出来事としてではなく、私たちに素晴らしい経験と出会いをもたらすためにあったようにも思えてきます。この出会いに感謝して、新たな一歩を踏み出そうと思います。ありがとうございました」

出会い、共に学ぶことで人もモノも組織も変わる。今この時と未来だけでなく、時にそれは過去の意味づけにまで及ぶものだということを私にあらためて教えてくれた言葉である。

第7章 子どもを守る親が動く

細田満和子

ほそだ みわこ◉星槎大学副学長。相双地区を中心に震災復興の現場で、本気で動いている方々の聴き取りを行っている。

1 原発30キロ圏内への差別

有事の際、大人は真っ先に子どもを守ろうとする。相双地区ももちろん例外ではない。ここには、子どもたちを守ろうと立ち上がったたくさんの大人たちがいた。そうした大人たちのうち、本稿ではMさん（女性、40代）とTさん（男性、40代）から聴き取った内容をもとに、かれらの行ってきた活動を紹介する。

Mさんは、医師の夫と2人の子どもと南相馬市に住んでいた。Mさんの夫は、南相馬市の病院に勤務しており、原発が爆発した後も現在に至るまで、南相馬市に住み続け、副院長として勤務先の病院を守っている。

2011年の5月にMさんと最初にお目にかかった時、Mさんは、お子さんたちと共に福島市に避難していた。そして時折、夫の様子を見に南相馬市に戻ってくるという生活であった。筆者はそうした際に、聴き取りを行うことができた。Mさんは、「私の話なんか役に立つのかしら」と言いつつ、控えめな口調で地震や原子力発電所の爆発直後のことを話してくれた。

しかし、原発事故後、この地域への差別が起こったというくだりになった時、Mさんの穏やかな語り口は、憤りの滲むものに変わった。例えば、福島ナンバーの車で他県に行くと、ガソリンを入れてくれなかったり、洗車してくれなかったりということがあったという。また同じ福島県の中でも、他の地域に行って原発周辺の学校の制服をクリーニングに出そうとしたところ、拒否されたという。避難していっても、この地域からだということでアパートを貸してもらえないこともあったそうだ。原発事故の被害にあった地域の人々までもが、放射線に汚染されているかのような偏見がはびこっていたのだ。

学校という場において、さらにあからさまな差別もあった。避難先の学校で、「放射能がうつるから近寄るな」と言われた子どもも何人もいたという。「どうして避難地域の子どもを受け入れるのだ」と、学校に抗議する保護者もいたそうだ。

２　福島の外には行けない

Ｍさんは、この地域の人々や子どもたちが、こうした差別的な扱いを受ける状況の中で、「もう福島の外には行けないと思った」、とおっしゃっていた。Ｍさんは、こう続けた。

「福島だけ独立国になっちゃったみたい。私たちは外に出ちゃいけないのかなと思ったり。人のうわさは75日というけど、そのうち下火になるのかな。いつ下火になるのかな。私たちはいいんですけど、子どものことを考えると。外で傷つくんじゃないかと思って。福島というだけで、心に傷を負わないかな、とか。

でも東北人なので我慢しちゃうんです。口が重いんですよねえ。これじゃいけないですよね。私たち、こんなバイ菌みたいに生きていかなくちゃいけないの？　私たち、福島から出ていけないの？」

この当時、一般の人々には「放射線は恐ろしいものだ」という印象だけが与えられていたので、「放射線が伝染する」という誤った見方が横行していた節がある。Ｍさんを含むこの地域の方々は、地震、津波、放射線という３つの災害に加えて、４つ目の災害、すなわち偏見による差別という問題に苦しめられていたのだ。

Mさんは、こうしたことを話している間に、「差別する方がおかしい」と思うようになっていた。子どもたちが、福島出身というだけで差別されるようになってはならないと。そして最後に、この状況を訴えて変えてゆくために「新聞に投書します」とおっしゃった。

3　Mさんの投書

Mさんはその後、実際に投書を書いた。そして大手新聞社1社だけに送った。その時の文章は、下記のようである。Mさんの許可をとって全文を引用する。

「この度の災害で東京に避難した福島県民が、東京の電車内での会話を聞き、凍りついた。『被ばく者に触れたら嫌だよね。福島から来た人はわかるようにゼッケンを付けて欲しいよね』。

福島の地元紙に載った記事だ。また他県で、福島ナンバーの車は給油を断られたり、子どもたちは学校でいじめにあったりして苦しんでいる。「迫害」という言葉が咄嗟《とっさ》に浮かんだ。すべて福島第一原発事故による放射線汚染が原因だ。

未曾有の事故のため、様々な見解が錯綜する。それが風評となり福島県民の心を傷つけた。東電の責任者は、遠く離れた所で指示を出すのではなく、現場で指揮を執り、一日も早く事故を収束させて欲しい。今福島の子どもたちは、放射線により活動規制はあるが無邪気に過ごしている。しかし将来、福島出身であることが大きな差別の対象となっている、と認識する日が必ずやってくる。私も次世代を担う子どもを持つ親の一人として、子どもたちの行く末を案じて止まない。子を想う気持ちは、弱い者いじめをしている子どもの親が我が子をいとおしく想う気持ちと、全く一緒なのだから」

最後の一文は少し解説が必要かもしれない。Ｍさんは、福島の子どもたちが学校でいじめられるのは、大人たちが、放射線がうつるといったような不正確な情報に影響されているからだという。そして親たちがそんな風に言うのも、我が子を守りたいからなのだという理解を示す。だからこそ、いじめをしている親もいじめを受けている親も、どちらも同じ親であり、子どもを想う気持ちは同じ、と考える。皆子どもを想う気持ちは同じなのだから、親たちが発した不本意な一言で、影響を受けた子どもが弱い者いじめをすることに、Ｍさんは異議を唱えているのだ。

4　その後の思い

Mさんは投函後、1か月位は毎日、投稿した新聞を買ってみたが、載る兆しもなかったので、やがて新聞を買うのを止めてしまった。2013年の秋に、筆者が連絡した時は、投稿文を書いたこともすっかり忘れていたという。そして次のような現在の思いを語ってくれた。

「これを書いてから間もなく3年になります。私を含めて福島は今、放射線の心配は徐々に薄れ、普通の生活に戻ってしまっています。子どもの将来を考えると不安で一杯なのですが、普通に生活をしていると、頭からすっかり離れている時があるのです。いや、それが大半かな。いいのか悪いのかは分かりませんが、今はそれぞれが、それぞれのやるべき事をただひたすら一生懸命やるだけです」

Mさんは、以前、実家のお寺の住職がMさんの両親に宛てて送った手紙を見せてもらったことがある。その手紙の最後には、次のような内容が書いてあった。

「行政や国が何かしてくれるのを待っては、いつまでも復興しないし、自分たちも前を向くことが出来ない事が分かった。人任せにするのではなく、自分たちが立ち上がって行動を起こし、行政や国に立ち向かっていかなければならない。その為に今準備をしているところです。その時には共に立ち向かいましょう！」

Ｍさんは、この手紙を読んだ時、本当にそうだと思ったという。「一人の力はたかが知れていますが、それが集まったら物凄い力になるんだ、というのを見せてやろうじゃないか！」とＭさんは思い、その後の日々の生活を重ねてきた。現在、Ｍさんが「普通の生活」に戻ってきているということは、Ｍさんが一日一日を一生懸命に生きている証なのではないだろうか。

Ｍさんのように、日常をひたむきに生き切ることこそが、大きな力なのだと思う。そして、この地域の多くのお母さん・お父さんたちは、Ｍさんのような生き方をしている。差別や偏見を知りながらもやり過ごして、子どものために、家族のために、日々の生活を大切に作り上げている。

しかしだからといって我々が、差別や偏見を見過ごして、いわばＭさんたちのような人たちの寛容さに甘えていてはいけないと思う。Ｍさんたちの声を聴き、二度とこのような悲しい差別が起きないように考えていきたい。

5 震災後の決意

次はTさんの話に移ろう。Tさんは、保育園と小学校に通う3人のお子さんの父親で、市役所の職員でもある。相馬市消防団の班長もしていた。

2011年3月11日の地震発生直後は、勤務先の市役所から地元の被害確認の指示が出たので、消防団の班長として仲間の団員たちと積載車で地域の見回りの任務に就いた。そして津波警報を知り、地域住民の避難を懸命に誘導した。仲間の団員の中には、避難誘導中に殉職した者もいた。

Tさんは、この想像を絶する自然の破壊力に恐怖を覚え、命の儚《はかな》さや尊さを感じた。そして、「自分たちがこの大地の上に生かされているだけ」の存在だと実感した。また、多くの家庭には、放射線に怖がる大人たちを見て怖がる子どもたちがいた。こうした、「とても本当に起きている出来事とは思えない現実」を前に、Tさんはしばらくの間、思考的に処理できない状況だったという。

しかしTさんは、この震災を機に「自分でできることをやろう」と思うようになった。これほどの経験をしていて今までどおりでいいのだろうか、何もしなくてもいいのだろうか、という思いが背景にあった。そして2011年7月から、地域の人々と一緒に放射線から子どもたちを守る活動を始めた。

6　地域の除染活動

まず初めに行ったのは、放射線を測定する活動だった。地元自治会、PTA、消防団、相馬市内若手ボランティアグループと共同で、測定委員会を2011年8月に立ち上げた。

この測定委員会では、個々人が持ち寄った線量計で地域の放射線量を計測し、子どもたちのために通学路・遊び場の線量マップを作った。また、放射線量の数値の高い場所では、除染活動を行った。

しかし、Tさん同様、多くの参加者は仕事を持っていたために、活動は休日に限られていた。また、参加者は皆、放射線に関する知識もない「素人集団」だったので、わからないことばかりだったという。さらに、除染したとしても、汚染された土の捨て場がないという問題にも直面した。計測の困難さや除染の難しさを実感し、Tさんはこうした活動の限界を感じるようになった。

そこでTさんは、自分ができることとして、内部被ばくを防ぐために、食品の検査体制を整備したり、環境濃縮の監視をしたりすることはどうかと思った。そんな時、Tさんは東京大学医科学研究所の坪倉正治医師と出会った。坪倉医師は、震災直後から相馬地域の医療支援に入り、当時、内部被ばくの検査体制やその情報開示をめぐって、行政や医療機関との調整などで苦労していた。それでも、地域の子どもたちの健康のために、最善のことをしようとして多くの難題と格闘していた。

Tさんは、坪倉医師と話しているうちに、内部被ばく検査の重要性、必要性を再認識した。そして「私たちの地域の子どものために、坪倉先生がこれほど苦労されているのに、地元の人間として黙って見ているだけでいいのだろうか」と思うようになったという。

7 食品の放射線測定器の開発

やがてTさんは、食品検査や環境監視を標榜するいくつかの市民団体の取りまとめ役を、ボランティアでするようになった。しかしTさんにとって放射線は、とにかく知らないことばかりであった。

2011年の年末には、自宅で採れた野菜や果物を食べている親と、スーパーで買った遠隔地の食材を食べていた子どもでは、同じ家族でも体内のセシウムの値が20倍も異なることが新聞で報道された。内部被ばくを避けるためには、食べ物の選択が重要なことが改めて示されたのだ。食品における放射性物質の濃度を測ることは、どんな食品が安全でどんな食品は避けた方がいいのかを自分で判断するために不可欠である。食品検査体制を整えようとするTさんの活動は、まさに子どもたちを内部被ばくから守るために必要なことだった。

もっと学ぶ必要があると思ってTさんは、茨城県の放射線計測協会で研修を受けた。そこでTさんは、熱心に放射線測定のことを教えてくれる講師と出会った。そして、「正しく測るためには検査機器の『校正』がとても大切」「ランダムに放出される放射線は常に一定の数値を示さない」ということを学んだりした。

Tさんは、放射線測定器の重要性を改めて感じた。しかし、当時、Tさんの周りには機械に詳しい友人・知人は一人もいなかった。どうしたものかと悩んでいたところ、Cさんと出会った。Cさんは、長年、大手電気部品メーカーで高周波の回路設計に携わってきた相馬市在住の元エンジニアで、電子工作を中心にしたDIY（日曜大工）を趣味としていた。しかもごく近所に住む隣人であった。

こうしてTさんは、Cさんという強力な仲間を得た。Cさんは、これまでに培った回路技術を駆使し、試行錯誤の末、市民の立場から考えたγ線放射線スペクトル解析（ベクレル計測）用の検出器を開発したのである。

8　そうまサイエンスカフェ

Tさんは、放射線測定器開発の他にも、市民グループと連携して、「そうまサイエンスカフェ」

というみんなの学びの場を運営してきた。このカフェのオープンにおいても、Tさんに協力する何人もの仲間がいた。例えば、核医学検査に多用されているテクネチウム（Tc-99m）を、原子炉を使わずに生成することに世界で初めて成功した日本原子力研究開発機構（JAEA）の客員研究員もそのひとりである。その他に、東京工業大学の名誉教授などの大学教員や、市民科学者というべき人々も、この動きに加わっていた。

「第1回そうまサイエンスカフェ」は2012年2月8日に、地元のショッピングセンター内のカフェにおいて開催された。講師には、放射線測定全般について話してもらった。「測れるものは測りなさい、測れないものは工夫して測りなさい」というガリレオの言葉が引用され、測ることの大切さが語られた。

「第2回そうまサイエンスカフェ」は、2012年5月26日に開催された。講師は、物理学の第一人者で、相馬市健康専門部会委員として「給食まるごとセシウム検査」を実践している東京大学の早野龍五教授が務めた。この時は、早野先生の講演を聞きたいということで、遠路、関西から参加した人もいたそうだ。

Tさんは、「そうまサイエンスカフェ」のコンセプトは「地元で活躍される先生方と一緒に考え語り合う学びの場」だという。講師は皆、市民の不安を共有し、それぞれの専門分野を生かして活動している人を選んでいる。カフェで、ケーキを食べコーヒーを飲みながら、講師と語り合う中で、参加者が放射線に関して学び、正しい知識を持ち、子どもたちを守っていけるようになればいい。

このＴさんの願いは、参加者に伝わっていることだろう。

Ｔさんは、こうした活動と同時に、相馬の農業を守ることにも尽力している。放射線に汚染された土壌を改良する研究を企画している大学や研究機関の農学部や原子核物理の研究者と、相馬の農家や市民団体とのパイプ役を務めている。Ｔさんは、将来にわたる食の安全のため、子や孫の代に残せる農業を守るため、この研究が行われることに期待している。

9　子どもを守る親の思い

以上、この章では、子どもを守る親の思いについて、ＭさんとＴさんの話から紹介した。震災やそれに続く避難生活など、これまでに経験したことのない大変な状況の中で、かれらは、思い悩みながらも、子どもたちのため、家族のため、地域の人々のため、そして将来世代の人たちのために、自分にできること精いっぱいのことをしていた。

ＭさんやＴさんだけでなく、この地域に住む多くの親たちは、多かれ少なかれ、同じような経験をしている。非日常に陥った中から、なんとか「普通の生活」をとり戻すために最大限の努力をしてきた。子どもたちにとって、このような親たちを見て育つことは、何にも代えがたい素晴しい教育になっているのではないかと思う。

福島出身というだけで差別されるどころか、逆に震災を生き抜いたサバイバーとして世界に認められるような子どもたちの未来を、共に育んでいきたい。

†参考資料
細田満和子（2012）『パブリックヘルス――市民が変える医療社会』明石書店
そうまサイエンスカフェ http://ameblo.jp/pon321321/（2013年12月26日閲覧）
Cさんの活動の詳細 http://www12.plala.or.jp/Chappy-DIY/DIY_gallery_top.html（2013年12月26日閲覧）
『市民測定器（γ線放射線測定器）チャッピー検出器』http://www.youtube.com/watch?v=rE1bp16vWhM&feature=plcp（2013年12月26日閲覧）

第8章　子どもを守る放射線教育

坪倉正治

つぼくら　まさはる◉東京大学医科学研究所。南相馬市立総合病院非常勤医師。震災直後から相双地区に入り、住民を対象とした健康相談会や放射線被ばく検診・説明会を行っている。

1　活動の経緯

相双地区での活動を紹介するとともに、現状の相双地区での被ばく量、放射線教育の重要性と今後の課題について概説したい。

震災から1か月後の2011年4月初め、我々のチームは医療支援を行うため、福島県相馬市、南相馬市に入った。当初は避難所を回り、医療活動を行いながら、南相馬市立総合病院など診療を継続している病院での外来支援を行っていた。それに加え、市町村主導の飯舘村や相馬市での住民検診をサポートしたり、放射線被ばくに関する基礎的な内容の講演会を行ったりしてきた。その回数は数十回に上る。原発事故の影響を大きく受けた相双地区には、放射線被ばくを心配する住民が非常に多かったからである。

相双地区では震災当初、サーベイメータや検査器も含め十分に機器がなかったが、南相馬市に唯一残った産婦人科医である、故・髙橋亨平先生や市立病院、市役所スタッフの尽力もあり、ホールボディーカウンターと呼ばれる内部被ばく計測器が2011年7月に導入された。

その後、南相馬市では県内の市町村として初の放射線被ばく検診を開始することになった。我々のチームも継続的にそれらの被ばく検診の支援を行ってきた。その検査の結果から、現状の相双地区で言えること、気をつけるべきことなどを述べたいと思う。

2 内部被ばくについて

検査が進むにつれて、現在の相双地区で生活する上においての被ばく量は、非常に低いレベルに抑えられていることが明らかになってきた。

南相馬市では2011年7月から現在に至るまで、継続的に内部被ばく検査が行われ、結果が順次ホームページに公表されている。２０１３年末現在、子どもから検出限界を超えた値の放射性セシウムが体内から検出されることはほぼなくなった。これは、郡山周辺の方々を検査しているひらた中央病院や、いわき市、相馬市で行われている検査結果でも同様である。

大人も検出限界を超える率は５％弱であり、慢性的な内部被ばくは低いレベルを維持している。言い換えると現在の福島県内での食品検査態勢が十分に機能していること、生活上で体に取り込んでしまうかもしれないセシウムは低いレベルを維持できていることを示している。

「スーパーでの食材は安全なのか？」という問いをされることがあるが、食品に関してスーパーで産地を選ぶ、選ばない、どちらの購入行動をとったとしても、ほぼ全員が検出限界以下になる。流通食品の検査結果からもある程度推定される値ではあるが、それが内部被ばく検査からも裏付けられる結果となっている。

しかしながら注意も必要だ。現状の生活での内部被ばくは、主に汚染食品の摂取から起こる。経験上わかってきた大事なことは、例えば普通にスーパーで食品を買って日常生活を送っていて、大きな内部被ばくをすることはない。ただし、以下の４つの条件を満たす方は、体内に多くの放射性セシウムをため込んでしまうリスクがある。

（１）出荷制限がすでにかかったものを摂取
（２）値が高いと経験上明らかにわかっているような食べ物を摂取
（３）未検査の食べ物を摂取

（4）前記を継続的に摂取

ただし、その高い値を出す方はほぼ全員、高汚染度の食材、つまり出荷制限がかかるかどうか100Bq／kg前後というレベルではなく、その数倍から数十倍クラスの汚染度の食材を継続的に食べている方のみである。そこにリスクの大部分が集約している。

言い換えれば、地元の食材を食べるとしても、明らかに出荷制限がかかっていて、高いことがわかっているような食べ物（例えば、キノコ、イノシシの肉、柑橘類、柿、ため池などに住んでいる魚など）を避けるだけで、大部分のリスク回避が可能ということである。もちろん、前記で例をあげた食べ物であっても、検査をして低いことが確認されたものは、リスクは低くなる。

とはいえ、現状の内部被ばく検査で、小児からはほぼ放射性セシウムは検出せず、これによる追加被ばく量はシーベルト換算しても、年間0・1mSv以下となる方がほとんどである。低線量被ばくの影響はよくわかっていないという表現をする方がいらっしゃるが、原理的に現状の被ばく量は体への影響を考えるレベルには到底達していない。

3　外部被ばくについて

続いて外部被ばくの検査結果についてである。各市町村でのガラスバッジ（外部から被ばくする放射線を測る装置）の検査結果がホームページ上に公表されている。相馬市では震災後、年に1回ずつ検査が行われているので、２０１３年末までに3回行われ、それぞれの検査結果が公表されている。このガラスバッジの結果は、外部被ばくがコントロールバッジから加えていくら増えているか、震災前の茨城県の大洗の空間線量をベースにして、約０・５ｍＳｖ／年からどれだけ増えているかを示している。

全体の値は年を追うごとに下がり、相馬市では年間の追加被ばくが１・６ｍＳｖ／年を超える方を重点的にフォローしていたが、２０１３年度には計測に参加された方の中にはそれを超える方はいなかった（81名→16名→0名となった）。

原発事故により、過去の空間線量より値が上がったことは確かであるが、すでに相馬市の町中では、西日本の線量と大差がない場所が多くなったといって過言ではない状況となった。実際知り合いのお母さんの中にも、西日本の地域に姉が避難されていた方がいたが、同時期にガラスバッジを所持すると、相馬市在住の妹さんより高くなるという例も出ている。

１００ｍＳｖの云々とか、ゼロだとは言えないとか、色々言うことはできるが、大多数がそのレベルの範疇にはない。もともと放射線がゼロの場所は存在しないし、ある程度のばらつきが国内であろうと、国外であろうと存在する。今現在の平均の線量は、日本国内にある外部被ばく線量の差の中に収まるレベルになりつつある。ケララやラムサールのような、線量の高い場所に住んでいる人もいるという例を出す必要すらない。すでにアメリカに住んだ場合の平均被ばく量より低くなる方がほとんどである。

ただし、内部被ばくと同様に、外部被ばくでも、やや線量の高い地域に住んでいて、就寝場所などの長時間生活する場所での線量が高い場合、トータルの外部被ばく量がやや高めの方がいる。今後も継続的な検査に加えて、値の高めの方への個別対応が必要だ。

4 放射線教育の重要性について

前述のように、現状の生活における被ばく量は非常に低い状況を維持しているが、これらの情報は住民の方々に十分に伝わっているとは言えない状況である。それは子どもたちも同様で、多くの方が漠然とした恐怖を持っているにもかかわらず、放射線に関する基礎的な情報や知識に関してはまだまだ少ないのが現状である。それに対して我々のチームでは、2013年から積極的に中学校や高校での放射線授業を行っている。

授業中に「レントゲン検査は外部被ばくと内部被ばくのどちらですか?」と聞いて正答できる生徒は半分もいない。「①レントゲン検査、②ホールボディーカウンター検査、③ガラスバッジ検査、④食品検査、これらが外部被ばくと内部被ばくのどちらに関係するか?」という質問での正解者は全体の①3割弱/②7割弱/③7割強/④7割弱という結果だった。

しかしながら、時間をかけて丁寧に差異を伝えると、ほとんどの生徒がしっかりと答えられるようになる。難しい話ではない。食品検査は外部と内部どちらの被ばくを押さえるためにやっているのか、空間線量の測定やモニタリングポストはどちらの影響を調べるために置いてあるのか。本当にちょっとしたことを伝えるだけで、霧が晴れたように授業中の食いつきが変わってくる。なぜ自分たちが検査を受けているのか、その結果からどのような状況なのかを伝えることこそ、最も重要であり、今後も継続的に行う必要があると考えている。

とはいうものの、〇〇〇を知らない、〇〇〇がわかっていないから知識を詰め込むべきである、ということだけが大事なことではない。

「どうせ癌になるのだと思う」「２年前のことを今さら教えられても、これまでの被ばくは減らない。興味ない」「10年後健康でいられるのだろうか？」

自分の健康に対して、投げやりになったり、毎日元気に生活しているように見えても、心の中では将来への強い不安を感じたりしている生徒が（多くはないかもしれないが）いる。子どもたちは日常の生活では放射線に関する話題を出すことが少なくなり、元気に活動する日常が徐々に戻りつつあるが、心のどこかで放射線に対する懸念のようなものを持っている生徒がいるように感じている。

高校で直接話をすると、妊娠や出産などに対して、不安を感じている生徒は現実におり、2013年度現在の相馬市の線量が高いと思うか低いと思うか聞くと、「高い」が20%、「低い」が20%、「わからない」が60%という結果だった。同様に、「福島県で作られる食品は安全だと思うか？」「水道水はどうか？」といった類いの質問すべての答えのトップは「わからない」であった。すでに述べたように、「どの食材で放射線汚染が高くなり得るか？」「現在の内部被ばくがあるとすれば、主たる原因が何か？」などの水準の知識には到達していない。小学校でも、「福島県産の米を食べたら体内のセシウムがどんどん増えるか？」という質問に半数が「増える」と答えていた。もちろん現状はそうではない。

放射線について小さな子どもたちになんと伝えるのがよいのか、色々な意見がある。危険性だけを伝えるようにおっしゃる方もいれば、その反対もいる。何が正しいか、どのように伝えるかは議論のあるところだと思う。ただ、疑問に思っていることを集中的に質問できるような場が少しあるだけでもよいのだと思う。まずは、何かとっかかりを作ることが必要だ。

例えば、放射線が地球上のどこにでも存在すること、宇宙線が降り注いだり、食物や土壌に含まれていたり、空気中に存在したりすることなどが、とっかかりになるだろう。「放射線はどこにでも存在する」というただ一言、この一言を理解してもらうだけでも大きく状況は変わるように思う。

最終的に、子どもたちを放射線災害から守ってくれるものは、しっかりとした知識と、継続的な検査であろうと考えている。不幸にして、東日本大震災とそれに続く原発事故が起こった。地震津波による被害に加え、放射性物質が周囲に飛散し、周辺の住民はいくらかの被ばくを余儀なくされた。しかしながら、その被ばく量は幸いなことに、明らかな健康被害を与えるような値ではなく、現状の生活でも被ばく量が十分に低く維持されていることがわかってきている。その知識や知恵が子どもたちに伝わり、それらが子どもたちを偏見から守り、自身の尊厳を保つための糧となってくれることを願っている。

スペシャルレポート4

アスリートとしての関わり

社団法人アスリートソサエティ理事／競輪選手◉
長塚智広

アスリートソサエティ

アスリートソサエティ（以下、AS）では被災地の子どもたちへ、困難なことに打ち勝つ精神を養うための「TEAM JAPAN トップアスリートスポーツ教室」（以下、TJ）を開催してきた。

ASの理事は全部で5人いる。その5人とは、陸上の世界選手権銅メダリスト・為末大、北京オリンピック銅メダリスト・朝原宣治、ミスター卓球・松下浩二、ビーチバレー・朝日健太郎、アテネオリンピック自転車競技銀メダリスト・長塚智広である。

ASは、「アスリート自らが思う問題を解決するため、社会貢献、セカンドキャリアの問題、子どもたちへのスポーツを通じた触れ合いをしたい」という思いを持つ者が集まり、2010年8月に設立された。アスリート自らが、いわゆる「大人」からの指示を受けずに設立した初めてのアスリート集団であると思う。現在のトップアスリートの登録は100人を超えている。

東日本大震災とアスリート

2011年3月11日に発生した東日本大震災。「被災地で私たちASも何かしなくては！」との思いから、アスリートたちが自然と集まり議論をした。その結果、「自分たちにしかできない支援をやろう。とくに日本の未来を担う子どもに、困難に打ち勝つ精神を養ってほしい。大切なのはメンタルケアだ！」という結論に至った。

その後、被災した子どもたちの精神的な影響を調べた結果、いろいろなことがわかってきた。阪神・淡路大震災、新潟県中越沖地震、北海道南西沖地震など、いずれも震災直後より時間が経過した方が、PTSDが大きくなるという研究報告があった。そしてその改善について様々な研究がなされていたが、トップアスリートが子どもたちに対し、直接、継続的に支援した報告は見つけられなかった。

そこで自分たちにしかできないことをしようと思った。それは共通のスポーツというキーワードで子どもと一緒に体を動かすことであった。会議の場で、全員一致で「TEAM JAPANトップアスリートスポーツ教室」が誕生した。

相馬高校での陸上教室が始まるまで

筆者は2012年の3月まで早稲田大学大学院スポーツ科学研究科トップスポーツマネジメントコースの学生だった。所属は、桑田真澄さんが在籍した平田竹男ゼミである。トップアスリートが子どもたちに直接継続的に指導することの効果、被災地の子どもたちへのメンタルケア、そしてそれらの社会的価値を修士論文のテーマとすることにした。そして論文の題目は「被災地におけるトップアスリートによる継続的スポーツ教室の効果」。

支援を決定したからといって、すぐに活動が始められるわけではない。アスリートたちは個々のつながりをもとに支援先を探したが、ある町では「市内の全中学校、高校を公平にやっていただけませんか?」と言われたり、「いまはそんな状況ではありません」などという返事をもらったりした。確かに被災して大変な状況では、「スポーツをやりませんか?」という誘いに応えられるような状況ではなかったのだと思う。

そのような時に、手を差し伸べていただいたのが東京大学医科学研究所の上昌広先生だった(余談だが、後に上研究室の皆様には論文の作成にあたり、朝から晩までご指導を頂いた。心より感謝申し上げる)。

上先生は先に福島県相馬市において、いち早く被災地支援活動を開始していたこともあり、そのインフォーマルネットワークを通じ、相馬高校(当時)の高村泰広先生を紹介していただいた。その高村先生からは陸上教室の顧問の先生をご紹介していただき、人から人への紹介にとても助けられた。また、ボランティアで行く以上はそれなりのコストがかかるのだが、星槎グループ宮澤会長に宿泊費を心配していただき、相馬市内の星槎寮の提供もしていただいた。こうした人と人との関わり合いにもおおいに助けられた。

教室実施　生徒とアスリートの変化

いよいよ第1回のTJ相馬高校陸上教室が2011年6月に開催されることとなった。アスリートたちは行きのバスの中で、「親が流されてしまった子もいるらしい、NGフレーズってなんだろう?」「俺たち行って迷惑じゃないかな? 受け入れられなかったりして……」などという会話を交わした。全員に大きな不安があった。

そのような中、なんとか無事に第1回教室をスタートすることができ、2011年は全5回の開催をした。参加選手は、陸上の横田真人(800メートル日本記録保持者)、金丸祐三(400メートル日本代表)、秋本真吾(400メートル日本代表)、菅野優太(100メートル)、寺田克也(400メートル・800メートル)、細野史晃(3段跳び)、と自分でいうのもなんだが、とても豪華な顔ぶれだ。

最初はよそよそしかった子どもたちも、回数を重ねるごとにアスリートへの信頼感が増してくる様子がわかった。一度だけではない、何回も何回も行くことによって、生徒との信頼関係が構築されるのだ。生徒からするとテレビで見るような日本代表級の選手が目の前に現れ指導をしてくれている。最初は「自分とは違う別世界の人……」というような目で見ていたが、だんだんと身近なお兄さん、何でも相談できる人へと変わっていく。トップアスリートの直接の技術指導により、競技記録も同世代年間平均記録よりも、何倍も何倍も伸びた。

相馬高校の生徒は、日本記録保持者から直接トレーニング、技術力、メンタルの指導を受けた。日本一の指導を受けるその高校生たちは、記録を更新できる自信に満ち溢れ、運動有能感(自分は運動ができる、その力があるということに気がつく）が高く維持されるようになっていた。

具体的な目標設定においても、回を追うごとに上位大会を目標とする生徒が現れ始めた。10月に東北大会に出たいと答えた子どもは1人、11月には5人、12月には4人。全国大会を目標にする生徒は2人。確実に競技力、精神力が上向いた。

アスリート側にも大きな変化があった。「子どもたちに尊敬される人間になりたい」「もっともっと記録を伸ばさなくては」「小さなことでくよくよしない、子どもたちにそんな姿は見せられない」。現役を引退していた選手からは「再度現役復帰して、オリンピックを目指す！」「子どもたちの運動環境をよくしたい、これは政治の力が必要だ、俺が選挙に出る！」などなど、自分の環境を前向きに変える選手が増えた。

おわりに

日本でトップのアスリートまでもが、さらなる成長を遂げるこの教室。子どもたち、アスリート双方の成長によって、さらなる相乗効果を巻き起こしたいと思う。日本の未来を担う子どもたちの心にもっともっと自信がつくように。ＡＳ、ＴＪまだまだ続けていきます！

†参考資料
長塚智広（2012）「相馬高校陸上教室を通じての高校生とアスリートの成長」２０１２年５月23日　MRIC by 医療ガバナンス学会　http://medg.jp
アスリートソサエティ　http://www.athletesociety.org/
TEAM JAPAN トップアスリートスポーツ教室　http://teamjapan.ne.jp/

第9章

災害と教育

越智小枝

おち　さえ◉相馬中央病院医師。星槎大学非常勤講師。インペリアル・カレッジ研究員。震災後、住民対象の健康診断や、相馬高校で剣道の指導に当たっている。2013年10月からは相馬市の病院で常勤の医師として勤務している。

大災害の後には多くの被災者が精神的な傷を負うことはよく知られているが、それは心的外傷後ストレス障がい（PTSD）に限らない。悲惨な物事を見聞きしていない人でも、極限状態での不慣れな選択をせまられた経験はいずれも心の傷になり得る。災害時の経験を題材に困難な選択についての教育を行うことで、今後起こり得る災害において、心の障がいを防止できないだろうか。

1　災害の遺産

「日本はそれだけ災害を経験しているのだから、災害教育はとても進んでいるんでしょう?」海外でそのように聞かれることがよくあるが、日本人としては返答に困る質問の一つである。なぜなら外国人のいう災害教育という言葉は、多くの場合、避難訓練や防災訓練のように、災害直後の対応に対するシステム立った教育を示すことが多いからだ。しかし日本でシステムとして教育プログラムに組まれているものは避難訓練だけである。

例えば東北地方の「つなみてんでんこ（津波が来る時には皆バラバラに高い所へ逃げなさい）」という教育が被災地で多くの人の命を救ったことは記憶に新しいが、この話を聞いた英国人からは、「その知識は何歳ぐらいから教育されるのだ」「幼稚園生にそういうことを教えるにはどうすればいいのだ」などと聞かれる。日本には素晴らしいノウハウがある、と思っているのかもしれない。しかし実際の日本の災害対策の多くは、学校教育ではなく、長い歴史の中で人々が災害の経験を次世代に活かしてきた、「正の遺産」ともいえるものだ。そういう目で見た時、今回の震災からはどのような正の遺産が生まれ得るのだろうか。

東日本大震災は、歴史上個人の経験が最も記録された災害と言ってもよいだろう。津波の瞬間にはじまり避難所の経験、病院スタッフの活動など、様々な個人的経験がソーシャルメディアなどを通じて発信されてきた。これらの史料は、被災地に住む個々人の葛藤と苦悩を学ぶ大きな機会を我々に与えてくれる。ここでは医療・公衆衛生の現場での経験をもとに、災害が教育に役立ち得る例をあげ、それが災害後の心の傷を減らすことにどのように役立つかを述べてみたい。

2　正解のない問題に対する決断と学び

災害時に下さなければいけない判断の多くには、唯一の正解というものは存在しない。例えば原発近くに位置する相馬市や南相馬市では、避難すべきか否か、という問題が病院スタッフ一人ひとりに託された。その結果、避難しなかった方は「家族より患者が大事なのか」、避難された方は「患者を見捨てたのか」という周りの非難や自責の念に駆られることとなった。相馬市に留まったある医師は、こう語っている。

「避難された方もかわいそうでしたよ。避難先で鬱になった方も居たそうです……私たちの方が居直ったぶん楽だったのかもしれませんね」

一方ある病院では院長が「自主判断で避難しても病院長が許す」という指示を出し、自身は病院に留まった。この指示は当時において貴重であった、とスタッフは回顧する。

「この病院の震災後の復帰が早かったのは、院長が『逃げてもいいよ』と言った一言のおかげ。

他の病院ではその一言を言えなかったばかりに、職員が心の傷を負ってしまった」。しかし一方で、「あの病院は院長の指示のせいで震災直後に機能しなかった」という外部からの批判も聞かれているようである。

では、「留まろう」という方が正解であったのだろうか。

たとえば相馬市長は震災直後、市役所役員に対し「みんなで残るんだ」という檄《げき》を飛ばしたという。その結果相馬市は外部からの支援団体の受け入れ地点として、被災地にありながら他の被災地を支援するという特殊な立場を貫いている。しかし2年半が過ぎた現在、「当時職員を放射線被ばくの危険に晒した」という非難の声は後を絶たない。

同様の問題が最も顕著に出た例が双葉病院の報道事件だ。原発事故の直後、福島県にある双葉病院の医師らが患者を置き去りにして逃げたというニュースが各メディアにて流され、非難の的となった。しかし後日判明したことは、院長らは状況も聞かされず強制的に避難させられ、その後病院に戻れないということは聞かされていなかった、という事実だった。誤報としての訂正記事も出されたが、職員と患者の間には未だに深い確執が残っているという。

この事件において、メディアの議論は「報道内容が真実か否か」というところで止まってしまった。しかし今後の災害に向け、本当に議論されるべき問題は、「もし報道内容が正しかったとしても、命の危険があるかもしれない状況で自分やスタッフの身を先に守る行動をとることは非難されることなのか」という命題なのではないだろうか。

3　個人の倫理と公共倫理

震災の後、自分の命と患者の命を天秤にかけなくてはいけなかった医療スタッフの心の傷は深い。マスメディアでは、人々を助けるために犠牲になった看護師や消防隊員、身の危険を顧みず患者を救った医師など、大勢の英雄の姿が報道された。しかしその陰には自分や家族を大切にした結果、英雄になれなかった、あるいはならなかった、多くの人々が存在することを忘れてはならない。

医療スタッフばかりでなく、同様の葛藤は警察や消防、市長や村長といったコミュニティリーダー、市役所の役員、教師など、「人を守る」立場の人々にも共通して見られたようだ。義理と人情の板挟みになると切腹という逃避手段を取ってきた日本人は、もともと正解のないところでの究極の選択を苦手としているのかもしれない。震災の経験を活かすのであれば、平時より、特に幼少時より、単純かつ正解のない問題を考える癖をつけることが重要だと思われる。

このようなコンセプトで作られた教材の中に、京都大学が開発した「防災クロスロード・ゲーム」というもの(1)がある。これは複数の人間で色々な状況について話し合うゲームであるが、例えばこのような問題がある。

「あなたは一般市民で、避難所に避難しなくてはいけない。その時に家族同様の愛犬を連れて行きますか？」

避難所には食料も限られていて、動物アレルギーの子どもも居るかもしれない。それでも愛犬は家族であるから連れて行くのか、それとも大勢の人間のために愛犬を犠牲にするのか、家族で共倒れとなるのか。個人の希望・個人の倫理・公共倫理を考えた上での慎重な議論は、立派な道徳の授業になり得るのではないだろうか。

4 限られた資源の中での優先順位づけ

正解のない議論の中でも、災害時に最も重要なことは「資源が限られている」という条件だ。例えば津波被害に遭った病院では、重症患者の搬送が優先され、多くのいわゆる「寝たきり老人」は後回しとされた。寒さの中、何人もの高齢者が病院で命を落としたことが報道されたが(2)、これはもし病床も搬送手段も豊富であったならば起こり得なかったことだ。つまり限られた資源の中で助かり得る人々を優先させ、「介護度の高いお年より」は後回しにする、という選択の結果である。やむない、と言い切るには重い命題だが、その重い判断を下さなくてはならなかった人が現場に存在していたことも忘れてはならない。

さらに状況が複雑だったらどうだろう。

【質問】目の前に以下のような4人の患者がいます。現場に医師はあなた一人しかいません。あなたは誰を先に助けますか。
①重症感染症の医師
②片腕が切れた小児
③肺炎の認知症老人
④頭部を打って意識のない市長

どの回答にも長所、短所がある。
①に関しては、もし助かればその後多くの人を助けることができる。しかし重症感染症は輸液や抗生剤などの医療資源を多く消費するため、長期的に見たら資源が枯渇するかもしれない。
②に関しては、もし処置を始めればあなたは数時間手術室から出られず、その間に多くの人間の対応が遅れて亡くなるかもしれない。
③に関しては、治療は比較的簡単だが、その後の介護スタッフの人手がさらにかかるかもしれない。
④に関しては、今後の街の復興のためには最優先。しかし検査してみないとどの程度医療資源を必要とするかわからない。
このような問いを議論する時、一番の問題は各々が自分の下した決断に耐えられるか、という点

である。二言目には「責任の所在」を口にする人々は、この視点を失念していることが多いからだ。

先日参加した災害医療の国際学会では、ある米国のナースがトリアージについてスピーチをしていた。トリアージとは救急外来などに搬送されてきた患者に、緑（軽症）、黄色（中等症）、赤（重症）、黒（死亡・あるいは死亡相当）」というタグをつける作業のことである。災害トリアージの重要な点は、まだ死亡していないが現在の状況では蘇生が不能、と判断した患者に「黒」のタグをつけ、限られた医療資源の無駄遣いを減らす、という点にある。しかしこの演者曰く、「実際の現場でトリアージをしていて、息がある人に黒のタグを付けることのできたナースはいなかった」とのことであった。

合理主義教育の進んだ米国のナースですらこの状態であれば、合理的に割り切ることの苦手な日本では言わずもがな、といえる。繰り返しになるが、このような複雑な倫理・心理について皆が教育を受けておくことは、災害時の心の傷を抑えるために必要なことなのではないだろうか。

5　思考停止しない議論

たとえ回答が得られていない議論でも、物事は説明をしてしまったり名前を付けてしまったりすると思考停止に陥ることが多いように思う。例えば「東京電力の説明努力が足りない」「政府と住民のコミュニケーション不足」などの言葉がそうだ。残念ながら批判する言葉だけではなく、「支援」や「復興」といった、被災地や被災者の個性を無視して十把一からげにしてしまう単語にも、同じような思考停止の危険性を感じる。

例えば相馬市では、南相馬市立病院の坪倉正治医師が「放射線に対する正しい知識を持ってもらおう」と中学生・高校生に対して授業を行っている。その中のアンケートで、女子生徒に、「原発事故の時にこの土地に居たことで、将来結婚に不利に働くと思いますか」という質問をしたところ、「はい」と答えた子どもが40％ほどであったと聞く。これは子どもたちの心のケアを考える上で重要な問題だ。子どもたち自身だけでなく、その子どもたちが将来関わるすべての人に放射線と被ばくに関する正しい知識を広め風評被害を払拭しなければ、この不安は解消されないであろう。

行政の視点であれば、これで十分かもしれない。しかし教育という視点で見るのであれば、「では、結婚に不利になることであなたは不幸になると思いますか」という質問までをすることが幅広い教育の機会ではなかろうか。

現代の世の中には風評被害の有無にかかわらず結婚したいのにできなかった、という人間も大勢いる。私自身もその一人だ。私は「自分は負け犬なのか」という思い込みで30代を無駄な焦燥感とともに過ごしたが、これは視野狭窄と思考停止が無意味な心の傷を生む一例ともいえる。

このような例は極端なのかもしれないが、災害は人々の幸福という根本的な問題を明るみに出し議論する、よい機会であると思う。

「政府が悪いから復興が進まない」

そこで議論を終えてしまえば、被災地の人々の心の傷は癒やすことはできない。失業、教育問題、風評被害……災害をきっかけに起きている問題を教材として、「災害で職を失った方はどうやったら幸せになれるだろう」「学校教育のアクセスが低い場合にはどのように教育をすればよいだろう」「世間の思い込みは本当だろうか」という議論を行うことが、真に災害復興を達成する上で必要な教育ではないだろうか。

6 教育への可能性

災害を題材としたこのような教育は、多くの場面での応用の可能性を秘めている。

災害に限らず、合理的優先順位づけ行動の教育は、たとえば国家予算の配分や課税について一般国民が深く考えられる、ということへもつながり得る。消費税、ＴＰＰ、秘密保護法……賛否両論のバランスの取れない議論は紙面でも数えきれないほど目にする。災害現場は、このような問題に対しても、複雑さへの理解と優先順位づけ行動をベースに議論をできるようになるためのよい教育の機会である。

　また、被災者だけでなく、世の中には移民、低所得者、シングルマザー／ファザーなど、社会の被害者・弱者と呼ばれる人々が多く存在する。失業問題・教育問題・風評被害問題は、このような人々に対する議論すべてに共通して言えることである。災害を題材にしつつ被災地という枠を超えて議論を広げていくことは、今後、格差社会が進行すると言われる日本においてますます必要になってくると思われる。

　少し前になるが、ハーバード大学マイケル・サンデル教授の正義に関する授業の本がベストセラーとなった。しかし、答えのない問いについて語り合うことが「なぜ」必要なのか、という点は、サンデル教授の本を読んでも書いてはいない。被災地の経験は正にその「なぜ」を体現しているのである。今後起こり得る災害に備え、すべての人が災害に学び、批判するのではなく内省すること。思考停止をしない建設的な議論はそこに生まれるのではないだろうか。

7　さいごに

　災害教育、という言葉を聞くと、避難訓練や防災訓練のように、災害直後の対応に対する教育を思い浮かべる方が多いであろう。先述の「つなみてんでんこ」もそれに当たる。

　しかし今回の災害を振り返れば、災害教育は、急性期だけでなく亜急性期、回復期、そして復興の過程も支える重要な要素であることがわかる。日本では毎年のように大きな自然災害が起きており、日本に住むかぎり、程度の差こそあれ災害の経験は避け得ない。木造住宅、瓦屋根、天水桶……災害大国日本の文化の根底には、災害から身を守る知恵が息づいている。これは災害に出合うたびにそれを乗り越え、新しい文化を築いてきた日本人の正の遺産ともいえるだろう。私見にはなるが、今回の未曾有の大災害を学びの機会ととらえ積極的に教育へ組み込んでいくことこそが、将来の災害に対して強い社会を作り、被災者の心の傷を予防する第一歩だと考えている。

†注

（1）http://open.fdma.go.jp/e-college/bosai/main/hojyo48.pdf

（2）http://www.asahi.com/special/10005/TKY201103170134.html

第10章 本気で動く人たちが変えてゆく

上 昌広

かみ まさひろ◉東京大学医科学研究所特任教授。震災直後から相双地区に入り、住民を対象にした健康診断や健康相談会を多数行っている。相馬市復興会議や相馬市健康対策専門部会でも構成員を務める。

1 浜通りへ

私たちの研究室（東京大学医科学研究所先端医療社会コミュニケーションシステム社会連携研究部門）は、震災以降、福島の浜通り地区に入って活動を続けている。大学院生の坪倉正治君は、南相馬市立総合病院および相馬中央病院の非常勤医師として現地での診療に従事しているし、松村有子医師や児玉有子看護師など他のスタッフも頻回に被災地に入っている。

福島県浜通りで活動して痛感するのは、「現地の実情や住民の本音は、ほとんど社会には伝わっていない」ことだ。そして「本気で動く人たちが変えていっている。そして、本気で動く人たちしか変えられない」ということだ。

震災後、今日に至るまで、多くのメディアは、政府や福島県が被災地をサポートしていると報じている。しかしながら、私にはそのように見えず、政府・マスコミが作り上げた「フィクション」のように感じられている。

例えば震災以降、福島医大から派遣されていた医師の多くは被災地を離れた。各自、それぞれの事情や言い分があるだろうが、結果として、浜通りが極度の医師不足に陥ったのは事実だ。南相馬市最大の南相馬市立総合病院には、震災前には14人の医師がいた。しかし、震災後に残った医師はわずか4人である。2011年5月より坪倉医師が非常勤医師として応援に入ったが、彼が南相馬市立総合病院の5人目の医師となった。この病院が相双地域の災害拠点病院なのだからたまらない。浜通りの住民は、震災後のこのような状況から、政府や福島県の言い分を信用しない。実情から見れば当然だろう。ところが、この実態は多くの国民に伝わっていない。

また、現在、いまだに原発事故は終息しておらず、避難所で暮らす方々、そして仮設校舎で学ぶ子どもたちや先生方も、いつ元の家に戻れるのか、元の学校に戻れるのかわからずに、不安を抱えている。何も先が見えない中、この地の人たちは、自分たちは、見棄てられ、忘れられたかのようにさえ感じている。

なぜ、このような情報の乖離が生じるかと言えば、実際に被災地を取材する記者が少ないからだ。中には朝日新聞の松浦新氏、フジテレビの岩澤倫彦氏のような例外もいるが、多くのメディアは福島県庁の発表を垂れ流していたように思う。

震災直後、浜通りに入るのは大変だった。常磐線が原発事故のために不通となった。福島市から浜通りに入るには、阿武隈山地を越えねばならない。その間の距離は70キロ。片側一車線の山道が続く。さらに、放射線の問題が大きい。政府は「放射線量は問題のないレベルだ」と事故直後から繰り返したが、データを開示せず、誰も政府の発表を真に受けていなかった。まさに、浜通りは「見捨てられた」状況だった。

東日本大震災、および原発事故の経験は、今後の教訓として貴重だ。広く世界で共有されるべきだ。しかしながら現在も、関係者の間でさえ十分に情報が共有されているとは思えない。むしろ、行政や業界団体の「建前」ばかりが強調されているように感じる。

2　地震医療ネットワーク

震災後、私がまず取り組んだのはメーリングリストの立ち上げだ。知人の医師6名、および信頼できるメディア関係者6名の合計12名で、3月14日に始めた。このメーリングリストには、被災地から「医療スタッフが足りない」「医薬品が届かない」「水やガソリンがない」という悲鳴が届いた。参加者は医師に限定しない。メディア関係者は大歓迎だった。正確な情報を広く伝えるためには、メディアに頼るしかない。これが、既存の医学団体と大きく違った点だ。例えば、日本集中医療学会や日本循環器学会、透析医学会、日本看護協会なども、緊急のメーリングリストや特設のホームページを開設したようだが、会員や専門家だけに限定したため、情報が大きく拡散することはなかった。

一方、地震医療ネットワークでは、生々しい情報がやりとりされた。例えば、3月15日21時26分、JR東京総合病院に勤務する小林一彦医師は、「JR本社建設部　友人の個人的見解です。①JR在来線復旧のめどは全く立っていない。鉄道を走らせられる状況ではない。②東北道は交通可能になったと聞いている。現在は緊急車両のみ通行可。③常磐道に関しては、まったく情報が入ってこない。JRでも困っている。④JRとしては、現時点で、応援で福島入りしていた社員を一時引き上げにかかっている。⑤会社として避難地域近郊まで行けとはとても言えないだろう。警察や自衛隊など、公共機関を使う以外にはないのではないか」と投稿した。これは透析患者搬送の交通手段確保について、JRの協力が可能かという問いに対する回答である。

また、当研究室の児玉有子は3月15日22時00分に、「東大医科研　児玉です。お世話になります。表題に関して、打越あかし議員（鹿児島　衆）に連絡をしました。北里大学産婦人科　海野教授よりいただいた『ヨウ化カリウム製剤が妊産婦の方に届くような手配をお願いしたい』との要件について、先ほど連絡がありました。官邸に報告した、とのことです。電話で聞く官邸の雰囲気ですが、まだ優先順位（若年者、妊婦は決まっているようですが）、それ以上の詳しいところで迷っている雰囲気でした。特に副作用に敏感になっている様子。『今後順位や妊婦に関しての情報等、必要な際には海野先生に連絡をするので、お願いします』とのことでした。さらに、ヨウ化カリウム製剤の分配については、原発に近い地域からという感じですが、いまいちこちらも定まらない感じでした。このあたりの判断材料の追加の情報提供がございましたら、お送りいただけましたら幸いです。よろしくお願い申し上げます」と投稿した。児玉と打越議員は旧知の関係で、携帯電話で情報を交換し合ったようだ。

浜通りの場合、被ばくを恐れたのか、現地に入るメディアは少なかった。このため、実情は国民に知られず、サポートする人も少なかった。この状況に突破口を開けたのが、地震医療ネットワークのメーリングリストだった。

3　ジャーナリストとの共同作業

メーリングリストに参加しているメディア関係者は、地域医療ネットワークを様々な媒体で紹介してくれた。かれらの存在なしに、私たちの活動は立ちゆかなかったと思う。

地震医療ネットワークに参加したジャーナリストの代表例をあげよう。朝日新聞の松浦新記者だ。松浦記者は、震災後、「自分は何ができるか」という視点で主体的に行動していた。その典型が、透析患者搬送の模様(1)、および野田所長による抗癌剤の搬送を、それぞれ3月17日、18日に朝日新聞が運営するネットメディアWeb Ronzaで報じたことだ(2)。この報道以降、事務局に多くの問い合わせがあった。広報効果は絶大だった。

余談だが、その後、松浦氏は原発問題に鋭く切り込む朝日新聞の看板企画『プロメテウスの罠』を担当する。この連載は、優れた報道を顕彰し、支援する市民団体「メディア・アンビシャス」(代表世話人 山口二郎・北大教授)が選ぶ2011年度のメディア賞に選ばれた。2012年3月に学研から出版されたが、販売10日で10万部が売れたという。ノンフィクションとしては空前のベストセラーである。松浦記者のような実力記者が揃っているからこそ、このような結果となったのであろう。

4 ソーシャルメディアの活用

地震医療ネットワークの事務局として、私がもっとも重視したのは「情報開示」だ。できるだけの手段を使って、現場の情報を社会に発信しようとした。

実は、私は医療ガバナンス学会が発行するメールマガジン「MRIC」(3)の編集長を務めている。信頼関係がある仲間たちと2004年に立ち上げたウェブメディアだ。読者は約5万人で、毎日、医療現場からの生の情報を配信している。

MRICのコンテンツは、関係者からは一定の評価を頂いているようで、他のメールマガジンやウェブメディアが転載することがある。例えば、作家の村上龍氏が主宰するメルマガ「JMM」や日経メディカルオンライン、日本ビジネスプレスなどだ。

震災後は、現場にとって必要な情報を配信することに務めた。例えば、3月12日には、阪神・淡路大震災の時に神戸市立中央市民病院で診療に従事した小児科医である濱畑啓悟医師の過去の寄稿『小児科医が見た阪神大震災』を再配信した。

ウェブメディアの特性を活かしたリアルタイムの発信で、メルマガ配信後は、様々な問い合わせがあった。

地震医療ネットワークとMRICなどのウェブメディアの相乗作用により、地震医療ネットワークの参加者は急増した。3月14日に12名で始めたメーリングリストが、3月27日には参加者が250名を超えた。メールのトラフィックも多く、毎日約80通のメールが飛び交った。様々なメディアが、このメーリングリストから情報を得て、記事化することも増えてきた。

記者以外のメディア関係者も協力してくれた。例えば、現ヤフー最高執行責任者（COO）兼メディア事業統括本部長の川邊健太郎氏だ。

私たちは、被災地の医療情報をとりまとめすることができるシステムがほしかった。しかしながら、それは私たちの能力を超えている。私は旧知の川邊さんに電話した。主旨を伝えたところ、即座に了解いただき、ヤフーの掲示板に被災三県ごとの医療被災状況を伝える掲示板ができた。地震医療ネットワークのメーリングリストで配信されたコメントのうち、事務局が重要と判断したものは、この掲示板にアップするようにした。数人の関係者が、ヤフー経由で問題点を認識し、私のところに問い合わせしてきた。

後日、川邊氏は私に、ソフトバンクの孫正義社長に問題点を説明する機会を作ってくれた。その後、孫社長および秘書室の方々と連絡を取り合うようになり、相馬市の学校教育にソフトバンク社が協力する運びとなった。人のご縁とは、本当に不思議なものである。

5 ボランティアの大学生たち

私たちの研究室には普段から多くの大学生が出入りし、様々な活動を行っている。例えば、2007年には東大教養学部文科I類の城口洋平君を中心とした学生チームと一緒に『コラボクリニック新宿』を立ち上げた。7坪の小さなクリニックで、コンセプトは、会社や学校帰りに気軽に立ち寄れるコンビニ診療所。

コラボクリニックは1年ほどで閉院した。その後、院長を務めた久住英二医師は、この経験をベースに、JR東日本の立川駅のエキナカに『ナビタスクリニック立川』を立ち上げ、2012年5月、川崎駅に2つ目のエキナカ診療所をオープンする。久住医師と学生たちの素晴らしいコラボレーションの成果である。余談だが、このプロジェクトを手伝った松井君と菅原さんは結婚し、今では2児の親になっている。

研究室には医学生も通ってくる。震災以降、地震医療ネットワークの事務局にはメディアや医療機関から問い合わせが殺到し、ネコの手も借りたい状態となった。この状況を救ってくれたのは、いつも研究室に通ってくる大学生たちである。

私の旧友も手助けしてくれた。震災後、フェイスブックで25年ぶりに「再会」した中学・高校時代の同級生である青山学院大学総合政策文化学部・中野昌宏教授は、彼のゼミ生を送り込んでくれた。

地震医療ネットワークの事務局は、このような大学生たちのサポートがなければ、立ちゆかなかったと思う。かれらの献身的な活動に心から感謝したい。

もう一つ感謝したいのは、このような学生たちを取り上げてくれたメディアの方々だ。震災後、学生たちは研究室に泊まり込んで、事務局の作業を手伝うことも多かった。保護者によっては「子どもが変な研究室に引きずり込まれているのでは」と心配される方もあるだろう。そのような保護者の方の信頼を得るのに有効なのが、マスメディアが報じてくれることだ。4月12日の産経新聞の

「【東日本大震災1ヶ月 今何ができる】ボランティア 離れていても……ネットで情報配信」という記事や、4月14日、日本テレビが朝の『ZIP!』で放映してくれたことは、大学生たちのモチベーションを高めるとともに、かれらの家族の理解を得ることに大いに役立った。新聞・テレビに登場した小倉彩さんは「両親はもちろん、祖母もとても喜んでくれました」という。産経新聞の道丸摩耶記者をはじめ、関係者の方々に心から感謝したい。

6 相馬市との出会い

地震医療ネットワークを立ち上げ、被災地支援に奔走している最中、知人から電話があった。

「相馬市の医療が困ったことになっている。立谷秀清市長という傑物がいるが、医師・看護師不足でどうにもならんらしい。携帯電話番号を教えるから、一度、連絡してやっていただけないだろうか。政府はパニック状態だ。こちらに回さず、どんどんとやってもらえないか」。

電話の主は仙谷由人氏だった。仙谷さんとは、2001~5年までの国立がんセンター（当時）在籍中からのお付き合いだ。がん対策では御世話になり、それ以降、お付き合いしている。

仙谷氏からの電話を切ると、すぐに立谷秀清市長に電話した。立谷市長は1977年に福島医大を卒業した内科医だ。10年前から相馬市の市長を務めている。少し話をしただけで、腹が据わった実力のある人物であることがわかった。

立谷市長は「厚労省は、私たちを救うよりも、捨てることを考えているのであろうか。安定しない政府のために、市民はパニックに陥り、病院のスタッフも逃げ出してしまった」と語った。福島県浜通りは、地震・津波に加え、原発事故、さらに風評被害が加わった。行政のサポートも不十分だった。行政からみれば不可抗力だが、住民にはそうは思えない。

今でこそ、相馬市の放射線量は低いことがわかっており、復興は比較的順調だ。ただ、震災直後は相馬市も大混乱だった。立谷市長の市長室には自衛隊が入ってきて、「即座に市民を避難させるように」と指示したらしい。立谷市長は、それまでは住民を避難させるべきか否か迷っていたが、この自衛隊の行動で腹が決まったという。「市長が指示を受けるのは総理だけだ。なぜ自衛隊から指示される。今、避難すると、故郷である相馬市は崩壊する」と考え、「籠城する」と決心したそうだ。

私には衝撃だった。被災地のリーダーの生の声は圧倒的な説得力があった。それからは、立谷市長とは密に連絡を取り合うようになった。

7 ネットワークによる問題解決

立谷市長は独自に様々な情報を集めたようで、「相馬市は、今や原発から日本を守るしんがりである。相馬市が止めなければ、日本は原発に負けると考えている。科学的な数値に基づけば、相馬市は屋内にいれば放射線から十分に身を守れる」といって、相馬市民が生き延びるため、具体的なサポートを求めてきた。

例えば、「重症患者の搬送が必要だ」「精神科医が足りない」「調剤薬局を再開したい」などである。薬不足と言わず、調剤薬局の再開と求めた点など、地元を再興したという市長の希望を反映している。

我々は問題解決を具体的にサポートした。ただ、手段は一つ。メーリングリストを通じ問題を広く周知し、「自分ができることをやってください」と求めることだけだ。多くの関係者が応じた。

例えば重症患者の搬送だ。震災から数日後の深夜、旧知の防衛省幹部から電話がかかってきた。地震医療ネットワークのメーリングリストを読んでいるらしい。「福島県災害対策本部は大混乱だ。浜通りの情報で知っていることがあれば教えてほしい」と言われた。私は、立谷市長の携帯電話の番号を伝えた。

翌日、立谷市長から電話があった。「残された重症患者を自衛隊が搬送してくれた。すごく実力がある人だな」。

精神科医不足の場合、地震医療ネットワークの参加者が知人に協力を依頼した。それは、福島市の一陽会病院精神科医である日向正光医師だ。日向氏は千葉市で育ち、福島医大を卒業した。地元福島の被災を憂えている。私とは、日向氏が虎の門病院で研修医をしていた時代に一緒に働き、それ以来、お付き合いを続けている。日向氏はフットワークが軽い。即座に福島県立医大、県精神病院協会、県保健福祉センターなどに関係者を通じて照会してくれた。しかしながら、「何とかしなければという意識はあるものの、積極的には動けなさそう」という結果だった。日向医師は「他県の人が福島のために動いてくれているのに、福島自身の腰が重いのは恥ずかしい」と言うが、被災地である福島県に、さらに負担を求めるのは酷だ。当然の回答だろう。

精神科医を求めて、他のメンバーも懸命にツテを探った。結局、この問題を解決したのは、中村祐輔・内閣府医療イノベーション室室長（当時。現シカゴ大学教授）である。彼は、出身校である阪大時代の同級生をはじめ、心当たりのある知人に片っ端から電話した。そして、最終的に、徳州会グループにいきついた。徳州会は相馬市に精神科医を派遣することを決め、3月28日、公立相馬総合病院で精神科外来が再開されることが発表された。問題発覚から解決までわずか2日だった。

公立相馬総合病院の近傍の調剤薬局（そうごう薬局）が再開したのも、ネットワークの力である。公立相馬総合病院の業務遂行には、薬局の存在は欠かせない。しかしながら、震災後、そうごう薬局は業務を停止しており、福岡を本拠とするそうごう薬局（経営母体は総合メディカル株式会社）の責任者とは連絡がつかなかった。立谷市長から依頼を受けた事務局は、知人の調剤薬局関係者に連絡した。問題の重大さを認識したこの人物が、旧知の総合メディカル社長にコンタクトして、再開の約束を取り付けた。

本来、公立相馬総合病院へ薬を供給するだけなら、東京や福島市の卸会社から薬を搬送すればよい。立谷市長が調剤薬局の再開に拘ったのは、一日も早く相馬市を通常の状態に戻したかったからだ。市長の強い意志を、関係者が再認識した。

8 災害時に行政に求められるのは「規制緩和」

今回の大震災では、市・県・国という平時の情報・物流ルートが破綻した。一部のメディアは、「混乱を避けるため、情報収集・指示の一元化、強力なリーダーシップが必要だ」と主張していたが、机上の空論だ。

私の知るかぎり、「お上頼み」でうまくいった例は極めて少ない。マスコミが政府や県庁発表を垂れ流すため、「行政と業界団体が協力して、被災地を支援している」という幻想ができあがっているだけだ。

お上頼みの弊害は、行政が把握しない問題は放置されることだ。行政は「混乱」を嫌がる。「混乱」とは無駄のことだ。被災地に関して言えば、皆が勝手に被災地に入り、重複が生じることだ。ただ、被災地から見れば、救援部隊が足りないよりは、余った方がましだ。

双葉病院の事例を見るがいい。福島県庁は「患者を置き去りにして逃げた」と批判したが、実態は福島県庁が現場を把握できていなかっただけだ。福島県庁の担当者は、双葉病院の患者の実態も把握せず、無理な搬送指示を出し続けた。災害の大混乱時に政府や県庁が現場を仕切るのは無理だ。行政に求められているのは、現場の「規制」ではない。入手した情報を早期に公開することだ。そして、余分な規制を解除することだ。

浜通りの支援を続けていて、杓子定規《しゃくし》な行政の運用が大勢の被災者を苦しめたことを痛感した。地震医療ネットワーク事務局に届いた訴えを紹介しよう。

「リウマチの女性が手首を腫らし、痛みに耐えていました。あるメーリングリストで、沖縄が県をあげて受け入れをしていると知り、彼女はその避難所から沖縄への移住を希望しました。沖縄の担当者に連絡をすると、『罹災証明申請書のコピーが必要です』『沖縄は県の予算で受け入れるので、飛行機に乗るのは5人まとまってからです。飛行場までは自分で来ていただき、そこでチケットをお渡しします』『インターネット上の申込書を印刷して書き込んでください』と、担当官に告げられました。非常に困難な条件で、少なくともパソコンとプリンタを持った援助者と、飛行場までの足、罹災証明書の申請を行うために市役所に行くという手順をその女性が手配しなければ不可能なのです。責任者の方とお話ししましたが、らちがあきませんでした」。この対応はないだろう。

震災後、浜通りの支援を続けている小松秀樹・亀田総合病院副院長は以下のように言う。私も同感である。

「行政が大震災に迅速に対応できない理由は、行政が法律に基づく統治システムだからである。行政は、法、すなわち過去に作成された規範と前例に縛られている。しかも、法は、科学的に正しいかどうかにかかわらず、国家の権威と暴力を背景にした強制力を有する。したがって、行政は原理的に未来に向かって、臨機応変に最適な行動をとることができない」(4)。

震災後、被災地の医療機関では、すでに受け取ってしまった一部支払金の払い戻しなどで混乱したという。普段から規制でがんじがらめの業界ならではの逸話だ。災害に強い国を目指すなら、平時の規制のあり方は再考すべきである。

最後に、被災者を受け入れた宿泊施設をめぐる混乱を紹介しよう(5)。混乱の原因は、3月25日に観光庁が出した『宿泊施設における県域を越えた被災者の受入体制について』という通知だ。千葉県は、この通知を「災害救助法を適用した受け入れは、旅館ホテル以外では不可能」と解釈した。確かに、通知の原文には「全国旅館ホテル生活衛生同業組合連合会(以下「全旅連」という)から提供を受けた受入可能な旅館・ホテル等のリストを基に」と明記されている。

この結果、民宿やペンションを用いて福島県からの避難患者を受け入れた房総半島の病院は、宿泊費を患者に請求するか、病院が被ることになった。被災者のことを考えるなら、宿泊施設を政府が規定する必要はない。自民党時代の業界団体談合の名残である。その後、各地から不満が噴出し、被災者を受け入れた宿泊施設は、災害救助法の適用を受けた県に対して請求すれば、国費からの助成を受けられる旨、厚生労働省から通知が出た。遅きに失したと言わざるを得ない。

9　坪倉正治　内科医・東京大学医科学研究所

東京大学医科学研究所の内科医で、博士課程の大学院生でもある坪倉正治医師（当時29歳）も、相双地区に向かった。彼は、2006年に東大医学部を卒業したあと、亀田総合病院、帝京大学ちば総合医療センター、都立駒込病院で研修した血液内科医である。

坪倉医師は、彼が東大在学中から指導してきたが、独立心の強い男だ。何か独自のことをしたいと考えている。森医師からの報告を聞いて、4月12日から14日まで相馬市に入った。

実は、この時の成果は、現地で数名のキーパーソンと知り合ったことだ。まずは、星槎グループの宮澤保夫会長だ。私たちが浜通りでの活動を続ける上で欠くことができないパートナーだ。私と宮澤会長は6年前に知り合い、それ以来交流させて頂いている。震災後、福島県に入っていると聞いていたので、坪倉医師が東京を出発する際、「現地に入ったら、宮澤会長に携帯電話で連絡するように」と伝えた。

次は、桜井勝延・南相馬市長と及川友好・南相馬市立総合病院副院長だ。桜井市長と私が知り合ったのは、震災直後の田中康夫・衆議院議員からの「友人の桜井市長が困っている。是非、助けてもらえないか」という電話だ。「みな、相馬市にばかり行っている。立谷市長は確かにすごいが、桜井市長も頑張っている」と付け加えた。すぐに、桜井市長に電話し、それ以来、定期的に情報を交換している。坪倉医師には「浜通りに入ったら、南相馬市役所を訪ねるように」と伝えておいた。それまで、私たちの仲間が活動していたのはもっぱら相馬市だった。初めての南相馬市入りである。

南相馬市内に入った坪倉医師は、相馬市との落差に驚いたらしい。「町中には誰も人がおらず、タイベックを着た作業員が乗り込む特殊車両が通り過ぎるのが目立った」と言う。

坪倉医師が、桜井市長と面談した時に、たまたまお会いしたのが及川友好・南相馬市立総合病院副院長だ。当時、及川医師は、桜井市長と定期的に面談していたという。その後、及川医師に連れられ、南相馬市立総合病院や避難所を見学する。思い起こせば、この日から坪倉医師と及川医師の南相馬を守る協働作戦が始まった。

10 星槎グループ

星槎グループとは神奈川県大磯町に拠点を置く学校法人・社会福祉法人・ＮＰＯ法人・農業生産

法人などで構成されるグループである。もともとは1972年に宮澤氏が、小さなアパートの一部屋に鶴ヶ峰セミナー（現ツルセミ）という塾を始めたのがきっかけだ。その後、1985年には技能教育施設の宮澤学園高等部（現星槎学園）が開校。1999年には広域通信制高校の星槎国際高校を開校し、2005年に星槎中学校、2006年には全日制の星槎高校を開校した。また、2004年には北海道芦別市に星槎大学を開校している。急成長を続けるグループである。

星槎グループの売りは、学習障がいや発達障がいを抱える生徒を対象としたインクルージョン教育だ。星槎とは「星のいかだ」という意味で、星槎大学の教育理念には「多様な文化、多彩な人生が交錯して形作る星座は科学と学びのロマンを伴い世界の道しるべである。地域社会や国際社会の多くの人々に役立つ人となるために、生活の中で生涯学びつつ、大きな槎《いかだ》たらん」と書かれている。一人ひとりの個性を重視した教育を目指しているのがわかる。

このように書くと、宮澤会長は「やりてのビジネスマン」のようなイメージを与えてしまうが、実態は違う。極めてパワフルで、カリスマ性を備えた人物だ。面倒見がいいため、彼の周囲には多くの人々が集まる。何を隠そう、私もその一人だ。

星槎グループの特徴は、宮澤会長の周囲に集う先生方が優しいことだ。そして、行動力もある。震災直後の3月17日から、福島県郡山市と仙台にある学習センターに救援物資を運ぶべく、星槎の生徒や職員が被災地に入ったそうだ。幸い、いずれの学習センターも被害は軽かったが、そこで「南相馬市が酷いことになっている」と聞きつけ、そのまま、南相馬市へと入った。そして防災無

写真１　ホテル扇屋の前にて

市中の店はほとんどが閉店していた。唯一、営業していた焼き肉屋で食事をとったあと、星槎グループのスタッフがコーヒーを入れてくれた。人通りはなく、車も通らなかった。左から山越康彦氏、三橋國嶺氏、宮澤保夫会長、坪倉正治氏、一條貞満氏。2011年4月12日。（星槎グループ大川融氏提供）

線を駆使して、現地の情報を収集した。ちなみに、宮澤会長は無線マニアだ。「災害時には防災無線以外はあまり役立たないんだよ」と言う。事実、坪倉医師の携帯はあまりつながらなかった。

星槎グループは海外の教育支援活動にも熱心だ。最近はブータン、バングラディシュ、ミャンマーやフォークランド諸島にも出かけている。

先生たちの行動力・生活力はすさまじい。星槎グループの三橋國嶺氏、大川融氏、山越康彦氏を中心とする先遣チームは南相馬市に入ると即座に、「扇屋」というホテルに宿泊し、翌日は南相馬市役所の隣に部屋を借りて、活動拠点を確保した。丁度、このころ、坪倉正治医師や一條貞満君が浜通りに入り、星槎グループと合流している（写真1）。

当時、南相馬市の住民の多くは避難しており、周辺の店は開いていない。旅館が提供したのは寝る場所と風呂だけであったが、星槎グループの先生方は、食事、水、ガソリン、生活雑貨をどこからか調達してきた。

宮澤会長をはじめ、星槎グループの先生方は、ここを拠点に相馬市・南相馬市の避難所や学校を回った。そして、被災者、およびかれらを支援している人々の話を、じっくりと聞いた。

宮澤氏は、星槎グループの先生たちに「被災した方から我々が頼まれたことに対しては全力でやれ。『それはできません』って簡単に返事するな」と繰り返していた。この姿勢は、我々に対しても同様だった。その後、相馬市・飯舘村・川内村で健康相談会、相馬市・南相馬市で放射線説明会を行ったが、そういった活動への協力を依頼しても、「そうか、それは本当に良いことだね。絶対に我々は何があっても全面的に支援するからね」と約束してくれた。そしてその言葉通り、星槎グループの皆さんには後方支援の面など多大なご支援をいただいた。この場を借りて、厚く御礼申し上げたい。

宮澤会長は、震災・津波で傷ついた子どもたちの支援、カウンセリングに協力したいと考えていた。子どもたちが心に負った傷や教育現場の混乱は、相馬市より南相馬市の方がはるかにひどかった。そこで星槎グループでは、相馬市とともに南相馬市においても、子どもたちの支援やカウンセリングの活動を行うことにした。

2011年4月中には東大医科研の私たちの研究室と共同で、相馬市生涯学習センターにオフィスを設けた。そして、ここを拠点に、星槎グループは相馬市教育委員会と連携して、相馬市内の小中学校の生徒のカウンセリングを始めた。それが相馬フォロアーチームである。チームメンバーは、特に津波被害の大きかった4つの小中学校を重点的にケアしている。また、文部科学省の事業として、南相馬市の小中学校でも子どもたちの支援活動を行っている。震災から3年以上が経過したが、現在もカウンセリングを続けている。安部雅昭先生は、1年間で生徒103件、教師85件のカウンセリングをこなした。「表面上は落ち着いてきたが、心に負ったストレスは大きい」と言う。かれらの活動は、まだまだ続きそうだ(6)。

星槎グループの、相馬市でのもう一つの活動は、通称「星槎寮」と呼ばれる宿舎の運営である。2011年4月から、相馬市の中心部に位置する、キッチン・ユニットバス・和室が数部屋ある一棟を、星槎グループが運営してくれることとなった。

星槎グループの事務長である尾﨑達也さんが「寮長」に任命され、合宿所の管理を取り仕切ることとなった。多い時には一度に男女あわせて20名近くの医師や学生たちが、入れ替わり立ち替わり宿泊した。この頃から復興需要が高まり、相馬市内の民宿やホテルはいつも満室となっていた。震災後、各地から定期的・不定期に相馬を訪れる医師たちやボランティアの学生たちにとって、宿泊先の確保は頭の痛い問題だったが、合宿所があるおかげで、「宿が取れないから参加できません」ということもなかった。日中はオフィスで、夜は合宿所での深夜までのディスカッションや飲み会を通じて、さらにネットワークを深めることができるようになった。

11　復興は現場から動き出す

以上で記したような、新聞・テレビが伝えなかった相双地区の現場の状況については、拙著『復興は現場から動き出す』（東洋経済新報社）に詳しいのでご一読していただきたい。ここで紹介した

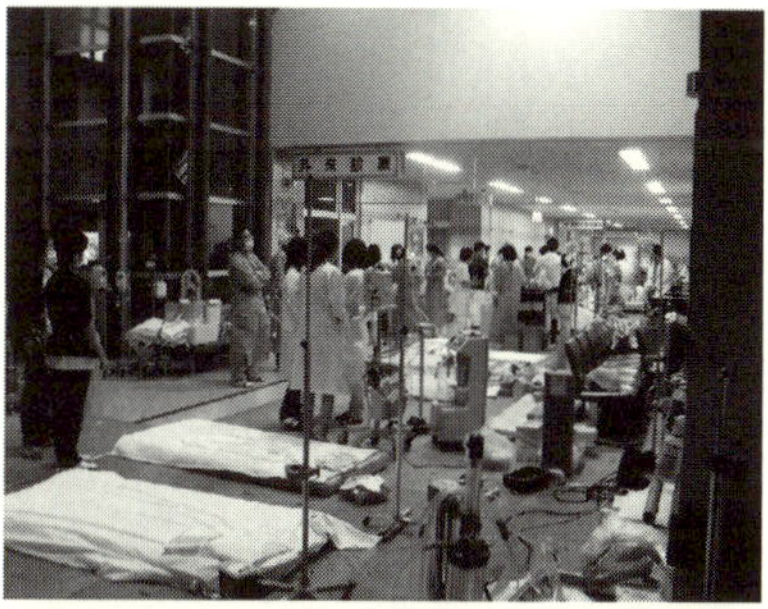

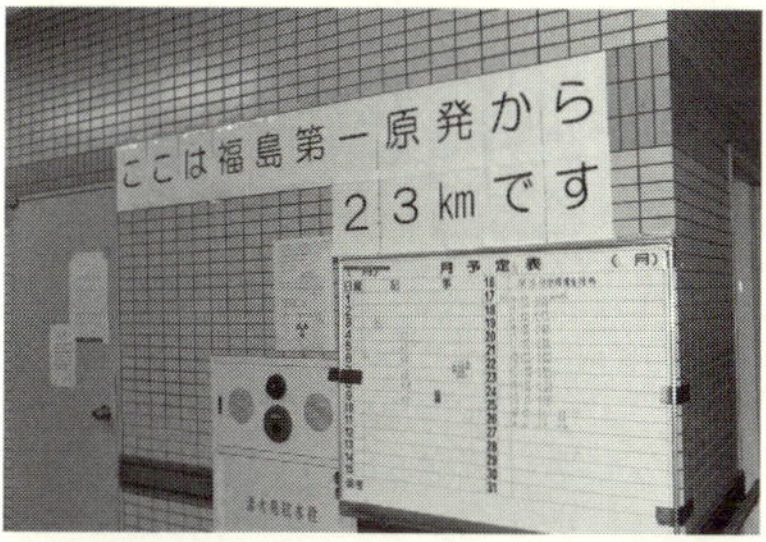

写真（上）南相馬市立総合病院1階の外来受付の様子　3月11日午後11時。患者が押し寄せ、廊下に布団を引いて治療を提供している（及川友好副院長提供）

写真（中）南相馬市立総合病院1階に張り出された空間線量測定結果

写真（下）3月15日の病院食（及川友好副院長提供）

現場で自ら判断し動いている人々は、筆者が作り上げたメーリングリストとその人脈によってつながった「個人」であった。震災という非常時にこうしたネットワークがいかに効果的か、国や県がいかに当てにならないか、理解していただけたと思う。

現場で、問題に真正面から取り組む本気の個人だけが、その問題を解決できるのだ。そしてその個人には仲間がいる。この仲間たちが、震災の後の未来を担う子どもたちを育てているのだ。

†注

（1）松浦新「【緊急報告】⑵　透析患者1100人が大移動　医師ネットワークが動く」Web Ronza 2011.3.17

（2）松浦新「【緊急報告】⑶　急げ！　とらやのようかん・がん治療薬」Web Ronza 2011.3.18

（3）http://medg.jp/mt/

（4）小松秀樹『行政が大震災に対応できないわけ』MRIC by 医療ガバナンス学会 Vol. 178 http://medg.jp/mt/2011/05/vol178.html

（5）五反田美彩・小倉彩『生命を奪う規制　第3回　阻まれた医薬品の流通』MRIC by 医療ガバナンス学会 Vol. 136 http://medg.jp/mt/2011/04/vol136-3.html

（6）「津波被災地で心のケア」読売新聞［神奈川版］2011.4.3

スペシャルレポート5

ボストンからの訪問者が見た浜通りの今
――志を同じくする者が集まったからできること

作家・ボストン在住◉
渡辺由佳里

2013年末、私はボストンから日本に一時帰国した。この時は、出版関係の仕事もあったが、被災地を訪れることも目的のひとつだった。気仙沼からいったん東京に戻った私は、2日後に再び東北に向かった。星槎大学教授の細田満和子さんと星槎グループのご好意で、相馬市と南相馬市の訪問に同行させていただくことになったのだ。細田さんとは、彼女がハーバード公衆衛生大学院で研究を続けておられた頃からの友人だ。

星槎大学のことは、彼女が帰国して星槎大学共生科学部の教授に就任されたとお聞きしてはじめて知った。資料を読むだけではよく理解できなかったので、星槎大学や星槎グループについては、理解も先入観もまったく白紙状態で同行させていただいた。

南相馬市については、海外でも有名になった市長のYouTubeビデオ映像や糸井重里さんが主宰する「ほぼ日刊イトイ新聞」の記事を通じて知った方がいるかもしれない。けれども、現地を訪問したことのない私のような人にとって、南相馬市のイメージは、地震、津波、原発、放射線、というキーワードで作られているといっても過言ではないだろう。

ただのイメージを短期間の訪問で現状把握に変えるのは不可能だが、訪問しなければずっと知らずにいただろうと思ういくつかの学びがあった。ひとつは、「被災地はそれぞれ異なる問題を抱えている」ということだ。異なる問題があるから、復興の状況も、スピードも異なる。

南相馬市の場合には、先に訪れた気仙沼市と異なり、放射線の問題を抱えている。けれども、訪問するまで気づかなかったのは、震災前から存在した教育と医療の問題が、震災を機にさらに深刻化しているということだった。

気仙沼市には、国際的な港町だからこその逞しさが感じられた。「あなたも、頑張りなさい」とこちらがはっぱをかけられるような、底抜けの明るさと活発なエネルギーは、もともとそこにあったものだろう。けれども、南相馬市にあったのは、自分よりも助けが必要な人のために自分の欲求を我慢して尽くす、静かで粘り強いパワーであった。

私の心を強く揺さぶったのは、南相馬市の小学校の敷地内の仮設校舎で教育を続けている中学校の校長や先生たちの生徒への愛情だった。

この中学校の生徒が住んでいた地区は避難区域で、震災後は生徒数がごっそり減っていた。けれども、今では他の学校にうまく馴染むこと

南相馬市の小学校内の敷地にある中学校の仮説校舎

ができなかった生徒たちが戻ってきている。

ただ子どもたちが戻ってきても、以前と同じというわけではない。場所は仮設校舎で、教師も前と同じ顔ぶれが揃ってはいない。教師の多くは生徒数が激減した時に他の学校に移動させられてしまい、生徒たちはそれを「先生に見捨てられた」と感じたようだったという。むろん教師たちの選択ではないのだが、多感な年齢の中学生たちには、理屈では納得できない不信感を与えてしまったようだ。

前に向かって足を踏み出せない理由のひとつは、「また昔の家に戻れるかもしれない」というあきらめきれない思いのようだった。

震災直後から地元に移動して援助を続けている星槎グループの精神保健福祉士・吉田克彦さんの案内で避難区域である小高地区（現在、立

まるでまだ人が住んでいるような町並

信号機も復活しているが、水道はつながっていない

入りは許可されているものの、住むことはできない）を車で巡った時、地元の方の次の言葉の意味がわかった。

「いっそのこと家がなくなってしまっていたら、あきらめがついたのでしょうが……」

そこに戻ることができる日の目処《めど》も立っていない。家がそこにあるがために、きっぱりとあきらめて前に進む覚悟ができない人がまだまだたくさんいるというのだ。

津波が押し寄せた場所は、まだそのまま爪痕が残っている。

過去にこだわらず前に進む覚悟はとっくにしているけれど、あきらめきれずに残っている家庭の子どもたちのために残っているひとりが、中学校の養護教諭の先生だ。

この先生は、家庭の問題を抱えていて親にも相談できないでいる子どもたちにとって、ことに大きな心の支えになっているようだ。保健室でお話を伺っている時にも、何人も子どもたちがやってきていた。かれらが先生に甘えたがっていることがわかる。生徒が全身で寄りかかっている先生だが、彼女自身も家を失った被災者である。彼女自身にも辛い思いがあるのだ。

子どもたちが抱える心の重荷を引き受ける彼女の心の支えになっているのが、継続的に小高中学校を訪問している星槎教育研究所所長の三森睦子さんであった。先生は、星槎グループの支援について「プロに入ってもらうと、親御さんにも納得してもらえますし、私たちも頼ることができます」と心から感謝されていた。

「支援が継続的である」ことの重要性は、いたるところで耳にした。多くの大学や専門家が心のケアのために訪問してくれたのだが、同じ質問をくり返してはそのフォローアップをせずに消えてしまうので、被災地ではフラストレーションがたまっていたようだ。避難所に「心理カウンセラーお断り」という張り紙が貼られたという話も耳にした。

けれども、星槎グループは震災の翌月の2011年4月から現地に職員を送り込み、相馬市に宿泊施設を設けて長期滞在をしている。相馬市と協働で心理ケアを継続的に行っているNPO法人「相馬フォロアーチーム」は、星槎の名前をいっさい使っていないが、中心的に支援をしているのは星槎グループの教員やスタッフだ。

星槎グループにこれができるのは、一代で幼稚園から大学までの教育機関を作ってしまった宮澤保夫会長の行動力とカリスマ性によるところが大きいのではないかと思った。星槎名古屋中学校の教頭・安部雅昭さんは、真っ先に現地に駆けつけたひとりだった。

通勤中に宮澤会長から電話がかかり、24時間で使い捨てなければならないコンタクトレンズのままで相馬市に向かい、そのまま1週間被災地で過ごしたというのだ。三森さんも、吉田さんも、そして細田さんも、宮澤会長の情熱に動かされて星槎グループに加わった人々だ。

心のケアの専門家の中でも、被災地でのケアの方法については異論があるようだ。それは、仕方のないことだと思うが、星槎グループの内部では意見が分かれていないようだ。それについて質問したところ「志が似た人が雇用されているからじゃないですか」という答えが戻ってきた。「寄り添うような支援」の効果を上げるコツはここにあるのかもしれない、と私は思った。

気仙沼でも、アメリカの公立学校でも、うまくゆくのは、志を同じくする仲間が助け合う時だ。でも、組織の規模が大きくなってしまうと、志が同じ人ばかりではなくなり、決定のためにコンセンサスを得るのが難しくなり、ルールのほうが目標よりも重要になりがちだ。星槎グループの場合は「志を同じくする人」が選ばれているので、地元の人と語り合いながら、地元の人が求める心のケアを続けることができるのだろう。

この日はちょうど「食に関する授業研究会」が行われており、生徒に「放射線から身を守り、健康な生活を送るため」の生活指導をする授業を参観した。その後研究会も見学させていただいたのだが、「頑張っている人たちは、本当に頑張っている」という当たり前のことを、ここでも実感した。

貴重な機会を与えてくれた星槎グループのみなさんに、心から感謝したい。

† 参考資料
南相馬市学校・保育園給食食材放射能分析の取り組み
http://www.city.minamisoma.lg.jp/index.cfm/10,13349,196,html

相双地区活動レポート

相双地区活動履歴（星槎グループ） GC は学習センター

活動内容	構成メンバー	現勤務地	備　考
相双地区教育環境整備	山越　康彦	星槎湘南大磯キャンパス	初期支援メンバー、星槎寮管理、放射線説明会
	今　裕一	星槎香川キャンパス	初期支援メンバー、放射線説明会、健康相談会
	大川　融	道都大学	初期支援メンバー、放射線説明会
	三橋　國領	星槎湘南大磯キャンパス	スペースウエザー協会　浪江町被ばく量検査
	上泉　義朗	星槎湘南大磯キャンパス	スペースウエザー協会　浪江町被ばく量検査
	小柳　浩二	星槎湘南大磯キャンパス	初期支援メンバー、スポーツ交流継続中
	脇屋　充	星槎湘南大磯キャンパス	初期支援メンバー、放射線説明会、健康相談会
	磯貝　和範	星槎中学高等学校	健康相談会（2011～2013年）
	杉崎　大祐	星槎中学高等学校	健康相談会（2011～2013年）
	奥墨　美香子	星槎中学高等学校	健康相談会（2013年）
	福川　啓介	星槎学園	健康相談会（2011～2012年）、放射線説明会、スポーツ交流
	三村　紫十美	星槎国際高校立川GC	健康相談会、小田原花火大会対応
	青柳、松下、小沢	星槎国際高校立川GC	環境整備、放射線説明会
	星槎教職員	仙台、郡山GC	学習支援
	尾崎　達也	本部相双地区特命室	初期支援メンバー、星槎寮管理、放射線説明会、健康相談会
被災校教育支援カウンセラー	安部　雅昭	星槎名古屋中学校	相馬市の中学校（2011年～）、南相馬市の中学校（2013年～）
	西永　堅	星槎大学	相馬市の小学校（2011年～）
	長岡　洋美	星槎国際高校郡山GC	相馬市の中学校（2012年）、相馬市の小学校（2012年）
	吉田　克彦	相馬フォロアーチーム	相馬市の中学校（2011年～）、相馬市の３つの小学校（2011年～）
	三森　睦子	星槎教育研究所	南相馬市の中学校（2012年～）、南相馬市の小学校（2013年～）
	福井　美奈子	星槎教育研究所	南相馬市の中学校（2012年～）
	今中　紀子	星槎教育研究所	南相馬市の２つの小学校（2012年～）
	中澤　敏朗	星槎教育研究所	南相馬市の２つの小学校（2012年～）
	川井　一男	星槎国際高校教育連携室	南相馬市の中学校（2013年～）

相双地区活動レポート1

東日本大震災直後の緊急支援

星槎グループ／一般財団法人 世界こども財団◉
山越康彦

2011年3月11日（金）14時26分、宮城県沖の海底を震源地とする東北地方太平洋沖地震が発生。地震から約1時間後、14メートルを超える津波が東京電力福島第一原子力発電所を襲う。関東・首都圏では交通機関が完全にマヒし、推計515万人の帰宅困難者が発生。地震発生直後、星槎グループ本部（神奈川県大磯町）の職員は、地震発生を伝えるテレビの前に息を飲み、次々と被害を伝える映像に言葉を失う。

星槎グループは全国に拠点を持つため、直接被害を受けた星槎国際高校仙台学習センター・郡山学習センターをはじめ、首都圏の星槎グループ拠点校、幼稚園・保育園などの19か所の事業所、横浜市受託のキッズクラブ11か所、東北北関東の技能連携校・提携校19校に在籍する子どもたち・学生・職員の安否確認と情報収集を、本部職員が夜を徹して行った。全員の無事が確認されるまでに数日を要した。

震災翌日から関東以西の星槎グループ拠点に

呼び掛け、救援物資を星槎グループ本部（大磯）に集中させる指示が出された。生徒・保護者からも様々なものが提供された。

【星槎国際高等学校　厚木、立川、八王子、横浜鴨居、浜松、大阪、富山、福井、広島、福岡、福岡西、沖縄の各学習センター】【星槎大学】【星槎中高等学校（横浜）】【星槎学園北斗校（横浜）、大宮校、湘南校（神奈川県二宮）、横浜ポートサイド校の各校】【横浜国際福祉専門学校】【星槎教育研究所（東京）】【ピーターパン幼稚園（静岡県三島）、青葉台幼稚園・保育園（横浜）、野川南台保育園（川崎）】から発電機や食料、衣類、水、粉ミルク、保温用品、絵本に至るまで様々なものが提供された。

また、星槎グループの呼び掛けに対して、各企業・団体様から様々なものが提供された。

【㈱小田原鈴廣】【大磯町農業協同組合】【大磯町寺坂産直所】【横浜FC】【桐蔭学園野球部】【㈱フルサワ印刷】【レイクウッドCC（大磯町）】【大磯町ホームページで呼びかけた大磯町町民の方々】は、水・饅頭・サプリ、米、新鮮な野菜、ベンチコート、毛布、食料品、タオル、衣類・靴、日用品、おむつ等を届けたくださった。

これら支援物資を大磯から郡山・仙台学習センターへ3月17・23・28・31日と4回に分け、本部職員が搬送した。

特に3月17日の搬送は、雪の東北自動車道をどこまで行けるか不明であり、首都圏がガソリン不足で片道分のガソリンしか確保できず、星槎グループでもトップの運転技術をもつ本部職員2名に「命をつなぐ救援物資」の搬送を託すことになった。

また、星槎国際高等学校本部校がある北海道チーム（芦別・札幌・当別・帯広）は、北海道の美味しい牛乳や卵・野菜、日用品等を満載し、秋田を経由し21日に仙台学習センターに届けた。

こうして届けた救援物資を、仙台・郡山学習センターを拠点に、岩手県〜福島県の沿岸部の地域や避難所・保育園に搬送した。

岩手県内の保育園は、星槎グループと協力関係にある一般財団法人世界紙文化遺産支援財団・紙守（かみもり）のメンバーに支援物資を託して、配布していただいた。

特にこの支援物資の中には、東北地方の被災地の災害対策本部等との通信支援のために日本アマチュア無線連盟から依頼を受けた、日本アマチュア無線連盟東北支部（仙台）への無線機100台も含まれていた。

避難所に救援物資を配布している時、高齢者の方から「震災で心も体も固くなってしまったけど、このお饅頭で心がほぐれるわぁ〜」といった声や「避難所の電気が使えなくて夜困っていたけど、この発電機は大変助かります」などの声を頂いた。

2011年4月に入り、南相馬市が陸の孤島になっている状況（宅配業者も福島県内に入らない等）の詳細が、多くの方から星槎グループ宮澤保夫会長の元に届く。宮澤会長の「誰も福島県に入らないなら、星槎が行くぞ！」の一声の決断で、星槎グループの福島支援が始まった。

南相馬市に入る動線確保のために、放射線量が高いホットスポットの研究・調査や、復旧資材（チェーンソー・バール等）の調達、衛生用品、支援食料などの購入、また、職員安全確保ための連絡用無線機などの準備が進められ、集められた支援物資の仕分け等に追われた。

そして4月12日、宮澤会長を筆頭に、星槎グループは南相馬市に入る。この時、津波の被害に遭った小中高校の児童生徒のために、小学校1年生から高校3年生までの全教科の教科書50セットを用意し、南相馬教育委員会に持ち込んだ。現地で東京大学医科学研究所先端医療社会コミュニケーションシステム社会連携研究部門上《かみ》研究室の坪倉正治先生と落ち合い、南相馬市桜井市長との協議を行う。その後、上昌広先生と合流し、上先生グループが医療関連の支援を、星槎グループが教育関連支援を、世界こども財団として行うことが決定され、丸3年を経た今でも、相馬市に拠点を置き、相双地区の医療・教育環境支援を行っている。

当時、星槎グループの初期緊急支援活動は、この災害規模に対応するマニュアルもなく、刻々と変化する状況の中で、とにかく「命をつなぐこと」「その時々、被災地域の人々や子どもたちにとって、最善の策は何か?」を常に考え、活動をしていた。

活動中、最も大きな力を発揮したのは、宮澤会長はじめ星槎グループが、日々築き上げてきた本当に信頼できる方々との人脈や民間団体とのネットワークであった。行政機関が機能不全に陥ったこの時期、人脈・民間団体の良質なネットワークが相双地区の方をも巻き込みながら、次から次へと拡がり、情報交換そして協力をし合い、それぞれができることを補い活動を行っていた。

最後に、緊急支援物資をご提供頂いた方々やご協力頂いた方々のお名前を、紙面の関係ですべて記載できなかったことをお詫び申し上げます。

相双地区活動レポート2

北の大地への送り出し

星槎国際高等学校 郡山学習センター◉髙橋浩之
星槎国際高等学校 仙台学習センター◉斉藤誉幸

2012年の夏から開始した「北の大地へ会いに行こう」という活動は、福島の子どもたちを対象に、夏休みや冬休みを利用して、北海道で放射線や震災の影響を気にせずに思いきり自然に触れてもらおうと企画されたものである。

星槎グループの通信制高校である星槎国際高等学校の郡山学習センターと仙台学習センターは、事務局として申込者、参加者の調整役、説明会の運営ならびに説明補助、相馬から仙台港および苫小牧港までの引率として関わらせてもらっている。事務局は、子どもたちと直接触れ合う機会は少ないが、保護者とのやり取りはとても多く、この2年で多くの保護者と関わり、そしてその様子も大きく変わってきている。

開始当時はまだ福島県内の中通り、浜通り地区の放射線量も高く、また風評被害の影響もあり外で遊ぶこと自体ままならない状況であった。テレビでは放射線数値が表示され、学校では校庭の使用は禁止、かつ除染作業のため、常時大型の重機が出入りしている環境であった。何よりも大きな揺れが頻繁に起こり、常に揺れと津波の恐怖におびえる日々であった。このような状況下であったため、県外でのプログラムは大変重宝された。また、星槎グループ以外の団体が主催するイベントにも多くの申し込みがあり、夏休みの郡山駅前では貸し切りバスの予約は取りづらく、また毎日郡山駅を出発する団体が見受けられた。

「北の大地」1回目のお知らせを福島県内の小中学校に展開した際、当初は、定員40名が集まるのかという心配をしていた。しかし、数日後その心配がまったく無意味なものだということを知らされた。受付開始2日後から、申し込みの電話、FAXが引っ切りなしに届き始めた。

その他に驚かされたのは、保護者の方々の必死な様子である。締切日ギリギリまで電話での問い合わせが鳴り止まなかった。内容は抽選の当選基準に関することがほとんどであったが、中には子どもを安全なところで遊ばせたいという熱い思いを電話越しにお話される方もいらっしゃった。

保護者の多くは「とにかく子どもを安全な環境で、思いっきり外で遊ばせてほしい」と切望し、この企画への期待を持って頂いていた。しかし親の正直な意識としては、子どもに経験をつませたいという思いよりは、少しの間でも「避難」させたいという思いではなかったのではないかと考える。

最終的に2012年夏のプログラムには定員40に対し170名の応募があり、冬に関しては、相馬地区限定での応募にもかかわらず77名の応募があった。参加者は抽選で決定したが、夏の時は、落選者からの電話が多数あった。それだけ保護者も必死だったのだと改めて実感した。

相馬市内で行った説明会では、みな一様に緊張の色が見られた。中でも印象的だったのが子どもたちの表情である。北海道で大自然を満喫できるという期待感で笑顔が耐えない子どもがいる反面、本人の意思とは関係なく保護者が「避難」させたいという思いで参加している子どもたちもいて、その表情はとても険しかった。2012年夏のプログラムでは後者の子どものほうが多かったと感じた。こちらも説明会に向けて、子ども・保護者の双方がわかりやすいしおりやプログラムに使うネームカードなどを、芦別・帯広のスタッフと協力して作成した。その思いが届いたのか、説明会終了後は皆表情が少し和らいで帰宅していただけた。

このプログラムに関わって一番驚かされたのは子どもたちの表情の変化である。説明会や出発する時の硬い表情が、北海道での生活を終えて帰ってきた時、皆笑顔に変わっていたのである。

親元を離れる期間も長く、初対面の子たちとの旅ということもあり、皆大きな不安を抱えていた。北海道ではスタッフや関係者の献身的なケア、指導、隅々まで配慮の行き届いたプログラムの効果もあり、避難という考えはなくなり皆最高の思い出となるくらいに楽しんでくれた。そのことは、仙台港からの帰りのバス内での子どもたちの会話で実感できた。解散の時には多くの子どもたちが北海道でできた仲間たちとの別れを惜しんで涙する姿も見られた。

「北の大地に会いに行こう」を行うにあたっ

て参加者の保護者の方にご協力を頂いている。毎回、保護者の方にも引率をお願いし、2組の保護者の方にご参加いただいた。仕事や家庭のことがあるにもかかわらずお願いを聞いていただき、多くの子どもたちを引率してくださった。かなり大変であろうと思いながら引率された保護者の方にお話をお聞きすると、「みんなで楽しく過ごせました!」と返事をいただいた。参加した子どもたちにも「○○ちゃん!」と親しげに声をかけ、参加したグループの一体感が感じ取れた。別れ際にも「私のこと忘れたらだめだよ! 街であったら必ず声かけなさいよ!」と一人ひとり参加した子どもたちに声をかけるなど、一つのコミュニティーがそこに見えたようであった。

東日本大震災の後、多くの子どもたちから笑顔が失われ、福島県全体が暗い雰囲気になる中、ごく一部の子どもたちではあるが北の大地を通して笑顔になっていただけた。笑顔の連鎖を少しずつではあるが広めていくことが星槎の役割であると考えている。その活動に関われたことを誇りに思い、今後も子どもたちのために活動していきたいと思う。

†参考資料
星槎大学体験学習プログラム「北の大地に会いに行こう」
http://taikengakushu.jp/others/2012/07/post-15.html

相双地区活動レポート3

北の大地に会いに行こう（芦別）

星槎国際高等学校◉
牧野秀昭

２０１２年夏。かれらは疲れた顔でやってきた。

芦別市と星槎グループが共催で（２０１３年からは北海道新聞に後援をいただきながら）、被災地の子どもに戸外での活動を提供する「北の大地に会いに行こう」事業が始まった夏のことだ。

7月31日15時少し前に、32名の子どもたちは、期待と緊張の表情で芦別市に到着した。バス、フェリー、バスを乗り継ぎ、１日かけて到着したかれらを迎えたのは、大いなる自然環境をバックに存在感と歴史あふれる星槎国際高等学校本部校の校舎。一層不安になったのかもしれない。笑顔の少ない子どもたちの様子に、出迎えに来ていた芦別市職員と「やはり、震災の傷跡は深いのでは」と、顔を見合わせてしまった（後から振り返ると、寝ぼけていただけだったような）。

しかし、しばしの休憩時間の後の夕食時に、子どもの持っているパワーに驚きと安心を感じることができた。同じテーブルで手巻き寿司を一緒に食べる中で、力強く笑顔になってくるのだ。福島県の中から、7校の小学校と3校の中学校から集まった子どもたち。初対面の相手も多いし、何より小学4年生から中学3年生までの幅広い年齢層。その子どもたちが、一緒にご飯を食べる中で、徐々に笑顔になり今回の事業で楽しみにしていることを話してくれた。その前向きな姿勢は、我々の出迎えの時に感じた心配をふきとばしてくれた。

安心できる環境での外遊びの提供が一つのテーマであるが、芦別市との準備調整時に、「これまでのストレスからの解放のための時間」「これからの苦難を乗り越える力」の二つを伝えていきたいと話し合ってきた。そのため、ほとんどの活動の中に、自分たちで準備、行動、片付けをすることをプログラムとして組み込んだ。最初は「手厚く歓迎するだけで良いのでは」という声もあったが、初日から「配膳」「お茶」「箸」「片付け」「食器洗い」など、子どもも自身が協力して行うことにした。その中で集団をリードしてくれた中学生、一所懸命に取り組む下級生、下級生をフォローしながら作業を進める上級生、各々が役割を考え動いていた。そして、この共同作業の中で声を掛け合い緊張がほぐれ、ご飯を美味しく食べ、笑顔が増えてきたのだ。

そんな笑顔の奥には、夜明るくないと寝ることができない、ドアを開けていないと不安になる、生野菜に警戒する、水道水を飲まないなど、震災そしてその後の生活の影響から、不安を抱えている様子も浮かび上がってきた。そのような中、福島で待っている妹に生野菜をお土産に持って帰ると、ビニール袋いっぱいになるまでプチトマトを収穫していた子の前向きな優しさに、芦別市で「北の大地に会いに行こう」を実施してよかったと、受け入れ側一同に笑顔が連鎖した。またそれは、安心できる環境の提供が、次のステップにつながると確信を持った一瞬でもあった。

芦別市は夏、30度以上にもなる土地柄で、子どもたちからは、「涼しくない」と連呼されたが、河原での化石探し、石炭の露天掘り、郷土料理のガタタン作り、北海道のラーメン、サクランボ狩り、旭山動物園、地域の方とのドッジボール、野外でのジンギスカン、山の一面に絵を描くキャンドルアートなど、思いっきり活動をした。

冬はマイナス20度以下になることもある芦別市。冬に来た子どもたちは、当然「寒い、寒い」と連呼。それでも、朝早く布団から抜け出し、グラウンドでかまくら作り、スキーやクリスマスパーティ、餅つき大会、フロアカーリングなど寒さに負けずに動き回った。もちろん、温泉にも入り、贅沢なひとときも体験。

夏に来た子どもも冬に来た子どもも、北海道を思う存分満喫してくれた。それは、共同作業の中で友情を築きながら過ごすことができたからだと実感している。

いずれの場面でも地域の様々な方からのご支援があった。おいしいものを食べてほしいと食材提供を申し出ていただいた方、グラウンドに雪山を作っていただいた町内会の皆様、そのほか、数え切れない支援をいただいた。子どもたちには、いろいろな人のつながりが、今回の北海道での体験を支えていること、また福島に戻ってからも自分たちの生活を支えていることを伝えた。感謝の気持ちを持つことは、将来を乗り越える力になることも理解されたと思う。

芦別市と共同で支援体制を組み、「北の大地に会いに行こう」を実施してきて2年間。当初は、受け入れる我々のほうが、肩に力が入った状況で、子どもたちがより緊張してしまうこともあった。日常を提供しようと考えすぎて、非日常を押しつけていたのだ。我々の緊張がとれるにしたがって、子どもたちは、笑顔で我々に伝えてくれた。「私たちは元気です」と。

その笑顔は、たくさんのことを我々に教えてくれた。

◎「北の大地に会いに行こう〈芦別コース〉」

参加人数（小学4年生〜中学3年生）

２０１２年夏：32名引率２名

２０１２年冬：20名引率２名

２０１３年夏：17名

２０１３年冬：19名引率３名

◎生徒感想文より抜粋

・あと少しで福島県に帰るけど、もっと友だちを増やしたいです。（小４）

・全く知らない大人の人たちと生活するのは、とっても不安だったけれど、みんな先生がやさしくて安心しました。いっしょに来た人や、芦別の子どもとも仲よくなれてよかったです。（小６）

相双地区活動レポート4

北の大地に会いに行こう（帯広）

星槎大学帯広サテライト　星槎国際高等学校帯広キャンパス◉
森実さとみ

北の大地に会いに行こう

2012年夏、「北の大地に会いに行こう」事業がスタートした。帯広市と星槎グループとの共同で、原発事故の影響で屋外での活動が制限されている子どもたちを〝北の大地〟に招待し、北海道で安心安全の夏休み・冬休みを過ごしてもらうという企画である。「被災地の子どもたちはどんな感じ？」「どう関わったらいいの？」、少しの不安をもちながらの対面だったが、そんな不安はすぐに吹き飛んだ。元気いっぱいの子どもたちの笑顔、好奇心に輝くキラキラした瞳がそこにはあった。

活動内容のメインは夏も冬も外遊び。〝北の大地〟ならではの体験学習プログラムである。そして根底にあるコンセプトは「楽しいこと、一緒にしようよ！」であり、仲間と共に楽しむことができる関わり合いを重視してきた。夏は連日の真夏日の中、川遊び、サッカー、パークゴルフ、バーベキュー、熱気球、動物園。「北海道ってもっと涼しいと思っていた!」と言いながら、真っ黒に日焼けして帰っていった子どもたち。冬はスケート、歩くスキー、スノーラフティング、そりすべり、雪合戦、クリスマスパーティー。マイナス20度の酷寒の中、私たちの心配をよそに元気に雪の中を走り回っていた子どもたち。今も子どもたちの笑顔をはっきりと覚えている。

震災の影

福島県の子どもたちと過ごす中で気がついたことがある。何気ない会話の中で出てくる震災の影。熱気球に乗って上空でもらした「気球があったらみんな津波から逃げられたかな」の一言、首からぶら下げている線量計、お土産売り場で太陽電池でライトがつくキーホルダーを見て「これなら震災でも大丈夫!」。やはりこの子たちは、ごくごく〝普通〟の子どもたちとは違う経験をしてきたのだ、そしてこれからもたくさんのことを乗り越えていかなくてはいけないのだ……。それでも、底抜けに明るい子どもたちと話していると、こちらの方がたくさんの元気、笑顔をもらった。かれらの未来が山ほどの幸せに包まれることを願ってやまない。

親の想い

保護者の想いに触れる場面もあった。「震災後、あまり笑わなくなったのでたくさん話しかけてほしい」「震災が原因で転校してきたが、馴染めていないので友だちをつくるきっかけにしたい」などの要望が寄せられた。小中学生が

1週間以上親元を離れて過ごすなんて、親にとっても子どもにとっても勇気のいることだろう。それでも、我が子に安全で楽しい時間を過ごさせたいという親の想いは切実である。この想いに微力ながらも応えることができていたなら幸いである。

共感理解教育

小学3年生から中学3年生という異年齢集団の中での関わり合いは教育的効果が高いと感じた。集団の中で、自然と中学生が小学生をリードしていく。また、星槎国際高校帯広キャンパスの高校生もスタッフとして参加することで関わり合いはさらに広がった。勉強の得意な生徒は宿題を手伝い、絵の得意な生徒は一緒に絵を描き、運動が得意な生徒はサッカーやドッヂボール対決にスケートやパークゴルフの指導補助。「高校生のみんなに会えて本当に良かった」「高校生のお兄ちゃんはスケートがうまくて早くてかっこよかった」など、小中学生の中に高校生のお兄さんお姉さんへの憧れの気持ちが芽生える。それは高校生の自信や達成感につながるのだ。

また、帯広大谷高校写真部の生徒には写真撮影をお願いした。ただ写真を撮るだけでなく、子どもたちと関わりを大切にしている姿、最終的には子どもたちにカメラを奪われてしまうなどの微笑ましい姿も見られた。

様々な関わり合いの場面を創出することで、小学生も中学生も高校生も自然に世代を超えた仲間づくりができるのだ。仲間と共に学ぶ中で、共に感じ、考え、人との違いに気づいたり、自分の役割を理解したり、お互いに育みあい、認め合う力を培っていく、これは星槎グループの掲げる「共感理解教育」の姿である。

支援の輪

北海道で気球に乗る福島県の子どもたち

「北の大地に会いに行こう」は帯広市と星槎グループの共同事業ではあるが、2年間を通じて、実に様々な方々のご支援を頂いた。この事業は、とかち帯広のみなさんの想いによって成立しているのだ。今後もこの事業を継続していくことで支援の輪はますます広がっていくだろう。参加した子どもたちには、支えてくれたたくさんの方々への感謝の気持ちを決して忘れないようにと伝え続けている。

いつの日か、今回出会った子どもたちが大人になった時、友人や家族を連れてまた〝北の大地〟を訪れてほしい。〝北の大地〟は変わらずみなさんをあたたかく迎えるだろう。

◎「北の大地に会いに行こう〈帯広コース〉」参加人数（小学3年生〜中学3年生）

2012年夏：34名引率2名
2012年冬：20名引率2名
2013年夏：20名引率1名
2013年冬：20名

相馬でのサッカースクール

星槎グループ 大磯キャンパス◉
小柳浩二

今年度最後の「活動交流支援　奥寺サッカースクール」は、2014年1月11日と12日に、福島県相馬市光陽サッカー場において無事に終えることができた。講師は、奥寺スポーツアカデミー校長で星槎大学客員教授も務める元プロのサッカー選手である奥寺康彦氏と、一般社団法人神奈川県サッカー協会・湘南ベルマーレ平塚コンディショニングセンター院長の皆様。また、講師陣をサポートするボランティアとして、東京大学から3名、産業能率大学から2名、神奈川大学から1名、そして社会人1名が参加した。

初日は「サッカー実技指導者講習」と「怪我をしない体作り講習」。相双地区で地域の子どもたちにサッカーを指導している方々を対象に行われ、24名が参加してくださった。地域の指導者の皆様は、一生懸命に講習に取り組んでいらっしゃり、良い環境の中で子どもたちの指導に徹していこうという熱い気持ちが伝わってきた。特に今回から取り入れた、成長時の子どもに対していかに怪我をさせないで体を作っていくかという「体感」の講義は、参加者たちからの質問等も多数あり、充実した講習となった。

2日目は子どもたちを対象にした「奥寺サッカースクール」。気温マイナス2度で天然芝が凍っている中、子どもたちは寒さを感じさせない様子で、元気いっぱいにサッカーを楽しんでいた。笑顔が多く見られて、筆者も本当に嬉しかった。その上サッカー技術のレベルもアップもしていて、今後の試合が楽しみである。

学生ボランティアたちもこれに参加ができ、「子どもたちと一緒にサッカーができたことは勉強になった」と言っていた。また、学生たちにとっては、講師の方々の思いのこもった実践的な話やサッカー指導もとても印象的で衝撃的であったようだ。取り組み方が変わり、非常に熱心になった。このことも、今回のサッカースクールの成功につながったと思う。

今後も継続して「活動交流支援」をしていきたいと思う。支援にご協力をいただいた関係者の方々に、この場を借りて御礼を申し上げたい。また、この活動が可能になるには、相双地区の方々のご理解とご協力があってこそだと深く感謝している。

〈サッカースクール活動記録〉

●2011年度

○第1回活動交流支援（2011年8月27・28日）

協力：一般社団法人神奈川県サッカー協会、
　　桜井報徳FC、相馬市教育委員会、
　　　NPO法人ドリームサッカー相馬

・小学高学年20名参加

・JFAフットボールデイに参加 at 保土ヶ

谷球場（２０１１年８月27日）
・桜井報徳ＦＣホームステイ（２０１１年８月27日）
・桜井報徳ＦＣ交流試合 at星槎湘南スタジアム（２０１１年８月28日）
○第２回活動交流支援（２０１１年11月20日）
協力：一般社団法人神奈川県サッカー協会、相馬市教育委員会、ＮＰＯ法人ドリームサッカー相馬
学生ボランティア（神奈川大学、神奈川工科大学、横浜国立大学）
・小学高学年約１００名参加、中学生約１００名参加
・サッカークリニック at光陽サッカー場
指導者：奥寺康彦氏、神奈川県サッカー協会・奥寺スポーツアカデミー監督
○第３回活動交流支援（２０１２年３月23・24・25日）
協力：一般社団法人神奈川県サッカー協会、相馬市教育委員会、ＮＰＯ法人ドリームサッカー相馬
・小学高学年約20名参加
・２泊３日の合宿 at星槎湘南スタジアム
・サッカークリニック（講師：奥寺スポーツアカデミー監督）
・交流試合（近隣小学生チーム）
・日産スタジアム見学

●２０１２年度

○第１回活動交流支援（２０１２年８月４・５日）
協力：一般社団法人神奈川県サッカー協会、相馬市教育委員会、ＮＰＯ法人ドリームサッカー相馬

・指導者講習15名参加 at光陽サッカー場
・サッカークリニック
小学高学年約90名参加、中学生約30名参加 at光陽サッカー場
○第2回活動交流支援（2012年11月23・24日）
協力：一般社団法人神奈川県サッカー協会、相馬市教育委員会、NPO法人ドリームサッカー相馬
・向陽中学校1泊2日合宿受入　約20名参加 at星槎湘南スタジアム
・平塚市立中学校2校と交流試合
・サッカークリニックとライフスキル講習（講師：奥寺スポーツアカデミー監督）
・湘南ベルマーレ小田原と交流試合 at星槎湘南スタジアム
○第3回活動交流支援（2013年1月12日）
協力：一般社団法人神奈川県サッカー協会、相馬市教育委員会、NPO法人ドリームサッカー相馬
学生ボランティア（神奈川大学、相馬東高校サッカー部）
・サッカークリニック
小学高学年約140名参加、中学生約100名参加 at光陽サッカー場
指導者：奥寺康彦氏・神奈川県サッカー協会

●2013年度

○第1回活動支援交流（2013年8月10・11日）
協力：一般社団法人神奈川県サッカー協会、相馬市教育委員会、NPO法人ドリームサッカー相馬
学生ボランティア（東京大学）

・小学高学年約40名参加
・サッカークリニック　指導者：奥寺スポーツアカデミー監督
・交流試合
○第２回活動交流支援（２０１３年11月16・17日）
協力：一般社団法人神奈川県サッカー協会、相馬市教育委員会、ＮＰＯ法人ドリームサッカー相馬
学生ボランティア（東京大学・横浜国

サッカースクールの様子

立大学・産業能率大学・社会人）

・指導者講習15名参加 at光陽サッカー場（2013年11月16日）
指導者：奥寺康彦氏・神奈川県サッカー協会
・サッカークリニック　小学高学年約90名参加、中学生約30名参加
指導者：奥寺康彦氏・神奈川県サッカー協会
○第3回活動交流支援（2014年1月11・12日）
協力：一般社団法人神奈川県サッカー協会、相馬市教育委員会、NPO法人ドリームサッカー相馬、湘南ベルマーレ平塚コンディショニングセンター
学生ボランティア（東京大学・産業能率大学・神奈川大学・社会人）
・指導者講習約30名参加 at光陽サッカー場（2014年1月11日）
サッカー実技講師：奥寺康彦氏、神奈川県サッカー協会
怪我をしない体作り講師：湘南ベルマーレ平塚コンディショニングセンター院長
・サッカースクール（2014年1月12日）小学高学年約120名参加、中学生約100名参加

相双地区活動レポート6

浪江町での放射線測定

星槎グループ／一般社団法人スペースウェザー協会◉
上泉義朗

スペースウェザー（宇宙天気）について

当スペースウェザー協会の目的は、宇宙天気の研究および普及、教育活動を行うことで、主に小中学生向けの宇宙教育を実践している。宇宙天気は、太陽活動により発生する、地球と太陽の間の宙空環境の変動を表すものである。宇宙天気予報は、それらの変動による地球へのいろいろな影響を事前察知することにより、災害等をできるかぎり未然に防ごうというためのものである。

黒点の数、フレア（太陽表面の爆発）、それに伴う太陽風（プラズマ）、磁気が地球に対してどのような影響を与えるのか。太陽風が地球まで届く時、オーロラが発生するが、太陽風に伴う電磁波によって人工衛星を故障させることもある。現代社会に欠かせなくなっているもののひとつに、通信衛星、放送衛星、気象衛星、GPS衛星等多くの人工衛星があるが、それらが故障すると地球上の生活に大きな影響がでる。また電離層への影響でマイクロ波伝搬に影響（よくも悪くも）することもある。黒点の数は過去約11年周期で増減を繰り返しているが、黒点数の増減の周期と景気変動の周期に相関があるというデータもある。太陽活動のひとつである黒点が地球上の人間の心にまで影響を与えているのかもしれない。さらに100年ごとに黒点数の大きな波があり、最近では西暦1700年前後にマウンダー極小期と呼ばれる時期があり、黒点はほとんど発生していなかった。この時、地球上では、イギリスのテムズ川が凍るなど寒冷化の現象が起きた。地球にとっての母なる太陽は、目に見えないレベルで多くの活発な活動を起こし、地球に少なからぬ影響を与えている。太陽、宇宙天気についてもっとよく知り、地球のことをよく考える必要性を感ずる次第である。

放射線量計設置へのいきさつ

これらの太陽活動を観測するためのひとつのデータとして、当協会設立母体のひとつである九州大学では、すでに世界64か所以上に地磁気測定器（MAGDAS）を設置してリアルタイムデータを世界に発信している。この測定システムを応用して、福島第一原子力発電所事故の影響による放射線量を測定し、そのデータを発信しようという活動を2011年6月から始めた。

まず福島県双葉郡浪江町役場にこの提案を受け入れていただき、町の災害対策課のご支援をいただきながら放射線量計設置活動を継続している。文部科学省（現在は原子力規制委員会に移管）が設置するモニタリングポストを補完するために、町役場および住民の方々の希望の場所に設置をすることとした。幹線道路沿いだけではなく、学校地区やできるだけ生活空間に近い場所や浪江町の約80%を占める山林地域での測定をし、リアルタイムにてインターネットから、だれでもその測定値を見ることができる点が有効と考えた。

また、長期にわたって測定を継続することにより、放射線量の推移が観測できるため、除染効果や時間経過、天候による変化等も観測できる。原子力発電所事故による放射線汚染のデータは多ければ多いほど有効かと思う。

継続した放射線量測定ができるように固定地点での測定を2012年3月から始めた。その後1年11か月の間、ほぼ月一回現地に行き、当協会の2名（三橋、上泉）を中心に、時折、1～2名のボランティアの方にお手伝いをいただきながら、少しずつ少しずつこの放射線量計設置活動を進めている。

なお、この活動を継続するためには資金調達が当初から大きな課題だった。まずは当協会の設立母体である星槎グループ（星槎大学）および九州大学宇宙天気科学・教育センターからの支援を受けながら始めた。さらに、計延べ7か所へ東日本大震災復興支援という目的で助成金の申請をした。その中で幸いにも、公益財団法人三菱商事復興支援財団様から助成をしていただけることになり、2年間にわたりこの事業を継続できた。また、インターネット経由でデータを送信するためのＷｉＦｉ無線ＬＡＮの利用に関しては、いくつかの通信事業者様へお願いした結果、唯一ソフトバンク様からご支援のお話しをいただいた。実際には電波状態等によりその活用が難しい状況だったが、実にありがたかった。

今後の活動および課題

今後もこの活動は継続し、浪江町以外についても自治体と相談の上、同システムの設置をしていく計画である。2013年5月から、飯舘村の方々と話をする機会があった。村の復興対策課との話を通じて、やはり放射線量計の追加設置の必要性を実感した。また、飯舘村にある、東北大学「惑星プラズマ・大気研究センター」（当協会理事の小原先生がセンター長）管轄の「惑星圏飯舘観測所」と協働する話も進めている。同大学「災害科学国際研究所」へのデータ提供等ができればと考えている。

国によるモニタリングポストの設置台数は確かに増えているようだが、まだ不十分な面がある（表1参照）。それらを補完するための活動として、当協会による線量計設置を増やしていくべきだと確信した。

放射線量に関しては、多くの情報があればあるほどいろいろな判断に活用できる。国や、地方自治体、大学、その他いくつかのボランティア組織等も同様に放射線量測定の活動はしている。当協会の情報がそれらに少しでも追加されて、有効な情報となることを目指して活動を継続したいと思っている。

課題のひとつに、データ送信システムの改善がある。ＷｉＦｉ無線ＬＡＮが不安定なため、新しい送信システムを内部技術者によって現在検討中である。

もうひとつの課題は、経費捻出だ。前述のとおり、各種助成金が第一の頼りである。当活動を理解していただき、ご協力をいただける組織、

表1　福島県相双地区内、国設置のモニタリングポスト設置台数（台）

		2013年3月	2014年1月
相双地区	新地町	16	16
	相馬市	68	68
	飯舘村	23	40
	南相馬市	117	221
	葛尾村	11	21
	浪江町	42	92
	双葉町	16	31
	大熊町	21	36
	富岡町	23	67
	川内村	27	33
	楢葉町	21	42
	広野町	28	47
	合　計	413	714

個人の方々からのご支援、ご寄付もお願いするつもりだ。人的な支援として設置工事へのボランティア参加ができる方々も探している。星槎グループ、当協会関係者を中心に多くの方々のご支援をいただきながら、必ずこの活動を継続していくつもりである。

原発事故の恐ろしさ

2年8か月にわたって浪江町を訪問し、線量計設置のための作業を続けてきた。放射線量は場所によっては時間的または天候の影響により少しずつ減少している。しかし、くぼ地や雨どいの排水口等ホットスポットではかなりの高線量（地上1メートルの値の10倍以上）が測定される。

まだ通常の生活ができる状態ではなく、浪江町はいまだにほとんどの地域において、東日本大震災後3年が経過しているにもかかわらず手つかずのままである。小中学校や公園での設置工事をする時、以前はこの場所で多くの子どもたちが元気よく遊んでいたのだろうなと想像し、悲しくなる。豊かで美しい田園地帯や人がたくさん行き来していたであろう市街地区、海岸近くの自然の風景等を見るたびに、なぜここに今は人が住めなくなったのだろうかと、くやしさを覚える。

原子力発電という技術は未熟であり、それに依存することは恐ろしい結果になると実感した時である。電力エネルギーは現代社会において重要不可欠なものであることは間違いない。しかし、原発に依存する政策はあらためるべきだということは誰も異論はないと思う。

いつ完全廃炉への道を決断するかが大きな問題である。原発を廃止して、新しいエネルギーに変換していくことは長い時間が必要で、廃炉には100年単位の時間を考えなければならないと言われている。新エネルギーの実用化にも多くの課題があり、時間をかけて改善または開発することが必要だ。太陽光発電をはじめ、風力、地熱、バイオマス、燃料電池、潮流、波力、さらには宇宙空間における太陽光発電等開発中のものはたくさんある。ただ、それぞれ実用化までには長い時間がかかる。

だからこそ、できるかぎり早い〝脱原発〟への決断が必要だ。「いつやるのか。今でしょ!」。原発事故の恐ろしさをよくわかっている間に、今すぐ脱原発の決断をし、次のための一歩を早く踏み出すべきと思う。ドイツ、スイスは福島第一原子力発電所事故の後、すぐに脱原発を決断し、10年、20年の時間をかけて廃炉に進んでいこうとしている。オーストリア、イタリアでも脱原発の方向に向かおうと動き始めている。

なぜ当事国である日本で同じような決断ができないのか不思議にさえ感じる。福島第一原子力発電所近くの福島県相双地区に行って、その実情を目のあたりにすれば誰でも同じ気持ちになると思う。同じような状況を日本のみならず、地球上のどこにも起こさせてはいけないのだ。

「国民の安全安心のため」と口癖のように言う国・政府が、なぜ一部の利益のみを考えてこれほど危険で恐ろしい原発を維持していこうとするのか。国民あげてその方向を修正していく時であると、原発被災地を訪れるたびに強く思う。

写真1　防護服にて作業中1

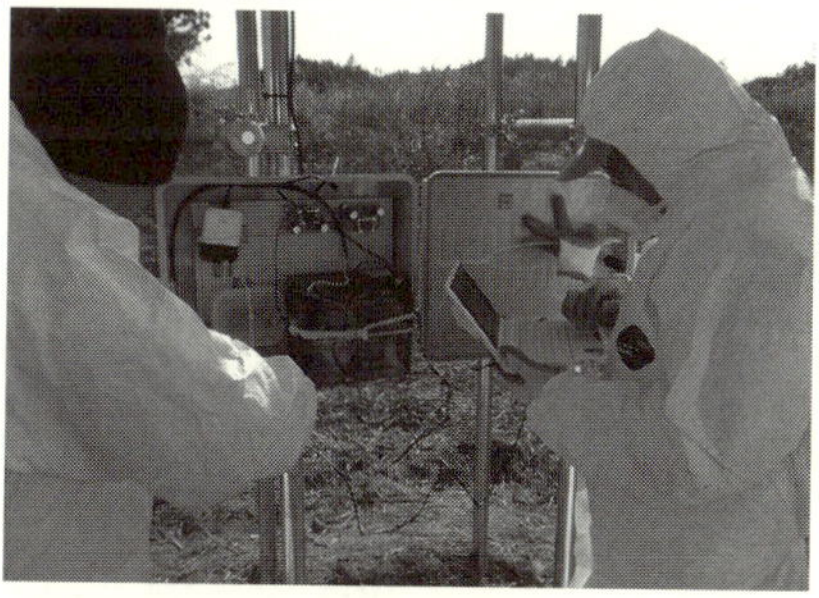

写真2　防護服にて作業中2

写真3　太陽光発電利用線量計

相双地区活動レポート7

東日本大震災から3年を振り返って

星槎グループ／一般社団法人スペースウェザー協会●三橋國嶺

震災直後

東日本大震災からまもなく3年を迎えるにあたり、今までの私たちの活動を振り返ってみた。

震災直後、星槎グループは仙台学習センターと郡山学習センターが被災していて、いつもお世話になっていた地元地域の皆様へ物資を届けるという支援活動がはじまった。

私も、星槎湘南大磯キャンパスに集まってきた全国の星槎グループの保護者などから支援物資を現地に届けることになった。2011年3月28日、中型トラックに物資を満載し独り被災地を目指した。震災直後だったので車の燃料確保が難しい中、職員、生徒とガソリンスタンドに並び、限られた量の燃料を寄せ集め、帰りの燃料を確保、無事に塩竈・仙台と郡山の皆様へ支援物資をお届けすることができた。

東京大学医科学研究所の上先生が執筆された、『復興は現場から動き出す』（東洋経済新報社、

59頁）にも書いていただいたように、私たちは２０１１年４月12日に星槎グループ創設者の宮澤会長に随行し、福島県庁で私の友人でもある地元双葉郡浪江町出身の県会議員吉田栄光氏と面会、被災状況などの情報を入手し南相馬市に入った。当時、街はゴーストタウンの様な状況で、宿泊できる宿を確保できるか心配していた。インターネットの検索で宿を探し、直接電話して一軒一軒あたり、何とか扇屋さんというビジネスホテルに辿りついた。

第一歩はこの扇屋を拠点に展開した活動であった。この扇屋は運よく南相馬市市役所に近く、活動しやすい場所だった。また、私は宮澤会長と同じ趣味のアマチュア無線家でもあり、この地には古くからのアマチュア無線仲間、浜名さんや高平さんがいた。震災後間もない時期、車が手に入らなかったので、両名から車をお借りしたり、地元の情報などを提供いただいたりした。かれらの協力のおかげで、私たちの活動範囲を広げることができたことには大変感謝している。

震災を乗り越えて

また、震災の年の相馬野馬追い神事が行えるか微妙な時期があった。しかし、中村神社と相馬家のご尽力により、数百年に渡り一度として途絶えたことがなかったこの由緒ある神事も挙行された。私も若い頃から乗馬に携わっていて、何度もこの相馬の野馬追いにはお誘いしていただいていた。しかし、日程が合わず、これまでは実現していなかった。

皮肉なことに、よくお誘いしてくださっていた鹿島地区の菅野家は、海岸近くに厩舎を構えていたため人馬ともすべて津波で流されてしまわれた。御家族も本人以外は津波の犠牲者になってしまわれたのを知りとても悲しい思いをした。菅野さんも喪中とのことでこの時は参加をご辞退されていた。ただ、私は縁あってアマチュア無線仲間の高平さんのご紹介で、この神事に初めて参加させていただいた。

浪江町の支援活動は、最初に書いた友人の吉田栄光氏つながりといってもよいだろう。私は震災以前から彼のところからお米を購入していた。吉田さんのところは代々米作りをされていた大農家で、浪江町に広大な田圃を所有されていた。ご存じの通り、この田圃は福島第一原発事故で放射線汚染され、彼の家族は住み慣れたこの地から離れなければならず、当初ご高齢なご両親は新潟へ、お子様4人は東京へ、吉田夫妻は福島市へとばらばらになっておられた。私はこのことを知って、今まで商用電源が福島原発で作られ、関東へ送られ便利に使っていたことに大きな責任を感じたのだった。まさかこんなことになっていたとは、本当に原発事故で住むところを追われた皆様方に誠に申し分けなく思った次第である。

放射線量測定活動

こんなことがあり、放射線汚染した現地で何かできないか考えていた。そこで星槎グループで担当していた一般社団法人スペースウェザー協会の運営委員会で、この協会の発起人でもある当時九州大学国際宇宙天気科学・教育センター所長の湯元清文教授に相談した。

人が立ち入ると危険な地域への支援というのは難問であった。放射線汚染地域に身体を置くとどんなことになるのか知識がない中、いろいろ調べた。恐れていても進まない。そこで、住んでいた方が立ち退かなくてはならなかった事実を検証するためにも、放射線量測定は必要であるということから始めたのである。

日本では一般的に放射線汚染を個人が調べる事など経験がなく、測定する道具ガイガーカウンターがどこで売っているのかさえ知らなかった。ただ偶然、私は星槎グループに来る前までは、電子機器の研究開発などを生業としていた関係で、ガイガーカウンターがＧＭ管という真空管で作られていることは知っていた。電子回路は簡単だったが、肝心のＧＭ管がこの事故を境に一気に部品としてなくなっていた。

そんな中、ウクライナご出身のレニックさんとＧＭ管つながりでＷｅｂ上で知りあいになり、レニックさんが持っていたロシア製のＧＭ管を多数入手することができた。このウクライナ出身のレニックさんは、偶然にも九州大学に近いところにお住まいで、いろいろやりとりしていく中でお名前に聞き覚えのある方だった。そこで本人にお尋ねしてわかったのだが、彼は、以前読んだ本『ゆりちかへ　ママからの伝言』（書肆侃侃房、２００７年）の著者、亡きテレニン晃子さんのご主人であった。亡きテレニン晃子さんは当時マスコミでもとりあげられ、話題になっていた方で記憶にある方も多いと思う。

ガイガーカウンターはこんな経緯でレニック（テレニン）さんのご協力により完成し、現在、浪江町に設置している国の放射線モニタリングポストを補完するため、一般社団法人スペースウェザー協会のボランティア活動で設置が進んでいる。今後、この放射線量計の設置は浪江町が終わると、飯舘村役場からの要請で飯舘村にも展開する予定だ。

ここに登場した方々を思い浮かべてみると、本当に縁というものが物事を進める上で大事になっていることがわかる。私もこの大災害を通じて本当に痛感した次第である。最初は偶然であるかのように思うことも、そうではない。私は仏教徒だが、仏教でいう「袖すり合うも多生の縁」を信じない訳にはいかない。

九州大学関係者とレニックさん

前列右から三橋、湯元教授の奥様、湯元教授。後列右からレニック（テレニン）さん。それ以外の方は九州大学の湯元教授の教え子さんと研究所スタッフのみなさん。撮影場所：九州大学宙空環境研究センター（現在の九州大学国際宇宙天気科学・教育センター）

浪江町へ放射線量計設置に向かう協力者のみなさん

右から、紙守財団の瀧川さん、星槎グループの山越さん、私、スペースウェザー協会の上泉さん、紙守財団の真下さん、私の親友加藤さん。撮影場所：福島県双葉郡楢葉町

相双地区活動レポート**8**

星槎寮における震災支援活動の後方支援

星槎グループ相双特命室◉
尾崎達也

東日本大震災後、2011年4月より、星槎グループでは福島県相双地区に活動拠点を確立した。それは相馬市のさくらビルのワンフロアの合宿所で、「星槎寮」と呼ばれている。星槎寮を利用して、実に多くの方々が、相双地区の市民の皆様が心身ともに健康な生活が送れるような医療や教育の支援をしてきた。筆者は星槎寮の寮長として、こうした方々の活動の後方支援を行ってきた。

星槎寮を活動の拠点として利用した各団体と後方支援についてまとめたので、以下で紹介したい。

表1にあるように2014年3月1日時点で、のべ3020名が宿泊した。内訳は、星槎関係者が1534名、東京大学医科学研究所上昌広研究室関係者が670名、ボランティア活動で使用した方が816名となっている。

①**【健康相談会】**へのサポート

相馬市内でも高めの放射線量が計測されてい

表1　さくらビル合宿所　宿泊集計（2011年4月～2014年2月）

	2011年度				2012年度				2013年度			
	星槎	医科研	ボランティア	合計	星槎	医科研	ボランティア	合計	星槎	医科研	ボランティア	合計
4月	144	37	13	194	34	22	35	91	32	12	17	61
5月					44	8	5	57	41	13	25	79
6月	84	19	11	114	36	12	17	65	44	9	25	78
7月	53	18	28	99	65	63	44	172	100	68	32	200
8月	49	24	27	100	29	25	38	92	19	6	77	102
9月	51	44	5	100	41	22	30	93	39	19	29	87
10月	47	11	6	64	55	8	39	102	53	12	24	89
11月	32	10	7	49	41	16	18	75	56	6	37	99
12月	21	13	9	43	25	32	38	95	36	9	26	71
1月	17	15	0	32	27	34	15	76	35	19	11	65
2月	44	17	3	64	51	12	22	85	33	14	9	56
3月	24	15	81	120	32	6	13	51				
合計	566	223	190	979	480	260	314	1054	488	187	312	987

る玉野地区からの要望を受け、2011年5月28日、玉野中学校体育館で同地区全住民（約480名）を対象とした健康相談会を実施。東京大学医科学研究所・上昌広特任教授をはじめとした医師団と地元医師らが診察にあたった。その後、5月と8月には飯舘村、7月には双葉郡川内村、9月には相馬市内の仮設住宅でも健康診断を実施した。以後毎年、相馬市内の仮設住宅入居者を対象とした健康診断を実施し、星槎グループは問診、送迎等をサポートしている。

②【放射線説明会】講演者へのサポート

2011年度は16回実施（2412名が出席）

相馬市では2011年5月15日より東京大学医科学研究所の医師（坪倉正治氏など）を講師に迎え、各地区にて開催。2011年度は相馬市以外にも、南相馬市、川内村、郡山市でも実施。2012年から2013年にかけては内部被ばく検査結果に基づき、坪倉正治医師が各地で丁寧に説明を行うと同時に、相馬市、南相馬市内の小中学生を対象に学校内でも実施し、放射線に対する正しい知識と対処法をわかりやすく説明した。

③【学習支援】実施者へのサポート

相馬高校への学習支援として、震災直後より、代々木ゼミナールの藤井健志氏、東京大学経済学部教授の松井彰彦氏および松井ゼミの学生が定期的に相馬を訪問。これらの動きがきっかけとなり、代々木ゼミナールの安藤勝美氏、駿台予備学校の鳥光宏氏、犬塚壮志氏が相馬高校への学習支援を継続している。2013年からはCSLの松浦三郎氏を中心に、相馬高校1年生対象の講演会や新地町立尚英中学校での夏期講習会を実施した。

星槎グループでは、メンタルケアをしている中学校の生徒対象に、星槎国際高等学校仙台学習センターと郡山学習センターの教員が夏期講習会を実施した。

④【子どものメンタルケア】カウンセラーへのサポート

相馬市内では、相馬フォロアーチームと共に津波被害を受けた小中学校を担当し、南相馬市内でも小中学校へのメンタルサポート及び生徒指導サポートを実施。

表2にあるように、約3年間で1000名を超える生徒のカウンセリングを実施している。活動の効果（各校のアンケート結果より）として以下の意見を頂戴している。

表2　カウンセラーの活動集計（2011年5月～2013年12月）

相馬市内学校	カウンセリング			コンサル	行動観察	情報交換
	生徒	教員	保護者			
A中学校	55	93	22	20	22	41
B中学校	243	105	1	105	194	109
C小学校	214	70	1	32	52	2
D小学校	70	33	4	49	148	107
E小学校	3	4	4	10	53	46
計	585	305	32	216	469	305

南相馬市内学校	カウンセリング			コンサル	行動観察	情報交換
	生徒	教員	保護者			
F中学校	133	9	13	52	170	92
G中学校	144	8	21	15	47	50
H小学校	4	0	4	10	15	7
小高小学校	102	37	16	54	128	115
J・K・L小学校	77	45	4	74	160	110
M小学校	5	2	4	26	49	25
計	465	101	62	231	569	399

「専門的な見地からの子どもの心理的成長や人間関係など具体的なアドバイスがいただけ、教育現場に生かせた」「教職員とは違った立場なので子どもたちは気軽に相談等ができ、心の負担が軽減された」「教職員にとってはいつでも相談できる安心感（一人で抱え込まずにすむ）があり、カウンセリング等によって得た情報を共有し、多面的に子どもを捉え学習不振・問題行動・不登校・発達障がい等に積極的アプローチができ、教育的効果が高まった」「心理検査結果の解釈や保護者への伝え方の専門的な視点でのアドバイスが有効であった」「授業でのT2的な関わりと休み時間等の廊下や教室での行動観察や声掛けによって、親しみやすい関係を作り、集団内でのカウンセリングが効果的に行われた」「ソーシャルスキルトレーニングのような学

級活動へのサポートが有効である」

※すべての学校において次年度への継続支援及び日数増を依頼されている。

⑤【ヘドロやがれきの撤去・除去に携わる作業員や住民の健康対策講演会】講師への支援

東日本大震災で発生した津波によるヘドロや瓦礫から飛び散った粉じんによる健康被害が懸念されていることを受け、2011年6月4日、相馬市のコミュニティセンター「ヘドロやがれきの撤去・除去に携わる作業員や住民の健康対策」の講演会を開催。ヘドロやがれきの撤去にあたる作業員や流木切断作業員、被災地の行政区長など約120人が参加した。

⑥【相馬市復興会議顧問会議】参加者への支援

東日本大震災からの復興計画策定に向け、有識者からの助言・指導を受けた。

▽北川正恭（早稲田大学大学院教授、元三重県知事）
▽大澤貫寿（東京農業大学学長）
▽大石久和（財団法人国土技術研究センター理事長、元国土交通省技監）
▽牧野治郎（社団法人日本損害保険協会副会長、元国税庁長官）
▽上昌広（東京大学医科学研究所特任教授）
▽新浪剛史（株式会社ローソン代表取締役社長）
▽長有紀枝（立教大学大学院教授、NPO法人難民を助ける会理事長）

上昌広特任教授は、星槎寮開設以来、継続して支援を続けていただいている。

⑦【相馬市健康対策専門部会】委員へのサポート

東京電力福島第一原子力発電所事故に伴い放

出された放射性物質から、子どもを中心とした市民の健康を守るための対策を協議する相馬市健康対策専門部会が開かれている。

東京大学大学院理学系研究科の早野龍五教授、同大学医科学研究所の上昌広特任教授、同研究所の坪倉正治医師の3名が委員として加わる。幼児、小・中学生及び妊婦のガラスバッジによる積算線量の測定結果を踏まえた今後の対策などについて協議された。

⑧【ピアノリサイタル開催】ピアニストへのサポート

2012年3月19日、パノス・カラン氏のピアノリサイタルが東日本大震災復興支援の一環として、相馬市内はまなす館において開催され、約170名の聴衆が美しいピアノの音色に酔いしれた。2012年10月にも再来日され、相馬市内の保育園、病院でミニコンサートを開催した。

⑨【仮設住宅での健康マッサージ】支援者へのサポート

ボランティア活動で相馬市を訪れる個人、団体への斡旋・対応を行う。2012年3月に神奈川県伊勢原市にある国際総合健康専門学校の学生13名と引率教員1名が、仮設住宅での居住者342名に対して2週間に渡って指圧、整体施術を実施。東洋医学を基本として、人間が本来持つ自然治癒力を高める康復医学により、仮設住宅で生活している方々の健康の維持増進を行った。「歩けるようになった」「よく眠れた」「肩が上がるようになった」と評価を受けた。

⑩**【リアルタイム線量計設置の部会】委員へのサポート**

比較的放射線量の高い地域の通学路などに「リアルタイム線量計」を設置（100か所）することを、相馬市健康対策専門部会の委員である東京大学早野龍五教授が発案（測定結果を毎時自動的に記録）。

⑪**【寺子屋事業】学習ボランティアへのサポート**

仮設住宅に入居している小中学生を対象とした「寺子屋事業」が、2012年6月から東京大学の学生ボランティアによって行われている。これは学習支援活動で、月2回程度、土・日曜日に大野台第2、北飯渕、刈敷田第1、柚木仮設住宅等の集会所で実施している。2013年の後半からは相馬市生涯学習会館にて中学生を対象とした勉強会も併せて開催している。

⑫**【「アスリートソサエティ」】被災地支援プロジェクト主催者へのサポート**

2012年6月23日、相馬高校・川原町グラウンドにおいて、トップアスリートによる陸上教室が開催された。競輪の長塚智広選手などが理事を務めるアスリート選手の団体「アスリートソサエティ」（為末大代表）の被災地支援プロジェクトで、2011年6月から継続的に行われている。教室に参加したアスリートは、長塚智広選手、横田真人選手、秋本真吾選手、菅野優太選手、寺田克也選手、細野史晃選手の7名。

⑬**【中学生のための放射線講演会】講師へのサポート**

放射線の人体への影響を知り、身を守る方法の理解を深めるため、東京大学医科学研究所の坪倉正治氏を講師に相馬市内全校で放射線講演会を開催。身近にある放射線や内部被ばくと外部被ばくの違いなど、基礎知識をわかりやすく説明。食品放射性物質検査で高い数値を出している食品への注意点を伝えた。

⑭【北の大地に会いに行こう／小田原花火大会参加】企画のサポート

宿泊行事として2011年7月30日より8泊9日で実施した「北の大地に会いに行こう」には、北海道芦別市にある星槎国際高等学校の本部校の協力で、福島の生徒児童と引率保護者が参加した。参加した子どもたちからは、「初めての北海道でとてもいい体験ができて楽しかった」「さくらんぼ狩りが楽しかった」「キャンドルアートがワクワクして楽しかった」などの感想をいただいた。8月3日より2泊3日で実施した小田原花火鑑賞ツアーには3家族8名が参加した。

「北の大地に会いに行こう 冬」は北海道芦別市、帯広市で実施。この事業は2013年まで毎年開催され、各回とも定員を満たす応募者がいた。

⑮【奥寺康彦サッカー教室】運営スタッフへのサポート

星槎グループの支援により2014年1月12日、サッカー元日本代表・奥寺康彦氏のサッカー教室が光陽サッカー場で開かれ、相双地区の小中学生約220人がサッカーの技術を学んだ。NPO法人ドリームサッカー相馬が主催し、星槎グループが支援。震災以降、星槎グループは子どもサッカー教室や指導者講習会、小中学生の神奈川遠征などのサッカーを通じた継続支援を行っている。

⑯【ＲＴＣ表敬訪問】留学生・スタッフへのサポート

ブータン王国にある大学、ＲＴＣ（Royal Thimphu College）の学生らが２０１３年２月19日、相馬市役所を訪れ、昨年に続き立谷市長から震災後の対応や復興状況などについて説明を受けた。星槎大学や星槎国際高等学校など星槎グループ各校とブータン王国・ＲＴＣの学生との交換留学プログラムの一環としての表敬訪問である。

⑰【スペースウェザー協会】放射線量測定サポート

福島県双葉郡浪江町（災害対策本部災害救援班）との協同により、放射線量計（９台）を設置（文科省のモニタリングポストと重複しない、浪江町の希望場所）。生活空間に近い場所での放射線量測定データをリアルタイムにインターネットにて発信し、誰でもその測定値を見ることができる。

避難している住民の方々にも実情報をお伝えすることで、帰町も含めて今後の生活計画を立てるデータとして活用できるよう活動している。また、地磁気計も併設し、太陽活動を観測するためのひとつのデータとして世界に発信され、宇宙天気データとして活用されている。

※宇宙天気予報は、太陽活動による地球へのいろいろな影響を事前察知することにより災害等をできる限り防ごうというものである。

最後に星槎寮（さくらビル合宿所）を利用し

た団体、個人の活動効果の声を紹介してまとめとする。

「仕事との調整の都合で、支援活動の日程がぎりぎりになったり、多人数での宿泊を必要とすることになったりすることが多かったが、ほぼ毎回宿泊させていただき、ホテルをおさえる心配等が全くなかった。また、食堂がサロンのようになり、そこで知り合った方との思わぬ連携が生まれた。一般のホテルに個別に宿泊していたのでは不可能であったことである」

「とくに相馬市に宿がとりづらかった時は、この寮がなければ、そもそも支援活動を行うことができませんでした」

「活動の拠点として、宿泊場所を確保できるだけではなく、合宿所で様々な方と交流することにより、情報交換をスムーズに行うことができました。また、お風呂や洗濯、食事など、通常の宿泊先では制約があって不自由なものも、活動の都合に合わせることができたので、大変ありがたかったです」

「宮澤会長をはじめ、いつも星槎の皆様には本当にお世話になっております。この合宿所がなければ、今までの活動を続けてくることはできませんでした。本当に感謝しております。ありがとうございます」

「合宿所が清潔で楽しい雰囲気で、私もそうだが、誰でも合宿所に行くのが楽しみになり、多くの人が集まる。そして、一度行けば何度も足を運ぶようになる。それが支援者同士の連携と交流の醸成に不可欠だったと思われる。合宿所がなかったら無理だった。大変お世話になり、ありがとうございます」

「星槎グループの機動性と献身的なサポートには大変お世話になりました」

「星槎グループの皆様が筋を通しクオリティの高いお仕事をされるのが、勉強になった」

筆者らができることは、医師や教育者や研究者や音楽家といった専門的な立場から支援に入ってこられる方々が、寝るところや食べることを心配しないで活動できるためにお手伝いをすることだけである。それでも、このような声を聞くと心から嬉しく思う。これからも、できるかぎりの後方支援をさせて頂きたい。

おわりに——共生：関わり合いの中で見えてきたもの

浜通りの子どもたちを応援する人々の集まる場所、それは相馬市内にある雑居ビルの一角にある合宿所で、「星槎寮」と呼ばれている。今まで何人の方々が、星槎寮を訪れたことだろう。職業だけでも、医師、看護師、塾講師、中・高・大学の教員、主婦、大学院生、大学生、高校生、中学生、スポーツ選手、音楽家、作家など、実に多種多彩だ。震災がなかったら、これらの人たちは互いに出会うことはなかっただろう。ここに集った人たちは、災害の被害にあいながらも、ひるむことなく前を向いて頑張り、家族を愛し、地域を大事にし、被災地の方々に寄り添い、共感し、応援し、共に生きる仲間として関わり合いを持ってきた人々である。本書の執筆者も皆、まさにそのような人たちである。

星槎寮は、相馬市役所とＪＲ相馬駅の中間地点に位置する雑居ビルの3階にある、6つの居室に2つのトイレと2つの風呂、台所も付いている、贅沢《ぜいたく》ではないものの清潔で機能的な宿泊施設である。震災直後に、子どもたちの継続的支援が必要だと判断した相馬市の立谷秀清市長と星槎グループの宮澤保夫会長が用意した。そして相双地区特命を受けた星槎グループ教職員が、日本中そして世界中からの支援者が相馬を訪れる時、常に星槎寮に待機し、掃除をし、食料品を買い込み、寝具を用意し、朝食を作りもてなしをしてきた。これまでに延べ3020人（2014年3月1日現在）の支援者たちが利用した。朝日新聞の「プロメテウスの罠」という連載で、2013年3月21日と22日の両日、相双地区支援の拠点のひとつとして星槎寮が取り上げられたこともある。

編者と星槎グループとの出会いもまた、この星槎寮においてであった。3・11の震災当時、編者はボストン在住であり、一時帰国した2011年5月に被災地で何かできることはないかと相談した上昌広氏に、宮澤保夫氏を紹介していただいた。実家から車を借り、水と食べ物、布団と枕を後部座席に押し込み、お土産として実家で製造している有機堆肥をトランクに積めるだけ積んで出発した。そしてたどり着いた相馬の星槎寮では、布団や枕が用意されているのはもちろん、シャワーも浴びられた。覚悟を決めて準備を整え被災地入りしたので大変ありがたかったが、とても驚いた。こうして今に至るまで続く星槎グループとの関係が始まった。

ここに集まる人たちと相双地区の子どもたちとの継続的で深い関わりは、本書で紹介されている通りである。東京大学医科学研究所先端医療社会コミュニケーションシステム社会連携研究部門の上昌広氏と坪倉直治氏は、相双地区での住民を対象とした健康相談会や放射線説明会を行い、相馬市復興会議や相馬市健康対策専門部会でも重要な役割を担っている。かつてはロンドンのインペリアルカレッジ研究員であり、現在は相馬中央病院で医師として勤務する越智小枝氏は、高校生と剣道で交流したり、学習相談に乗ったりしている。

被災した児童・生徒の心のケアを行う相馬フォロアーチームで中心的に活動する星槎の教職員、安部雅昭氏、西永堅氏、三森睦子氏、吉田克彦氏、今中紀子氏、中澤敏郎氏、福井美奈子氏は、心理的側面からの支援を行ってきた。編者は医師や心理の専門家でもなく一介の社会学の研究者にすぎないので、特に何ができるという訳ではないが、現場の方々の声を聴きとり、記述することを自分の仕事と思い、この地に向かいあってきた。

こうした、いわば外からの活動が可能になったのは、被災地の教育現場で、身を削るようにして子どもたちのことを懸命に支えている井戸川あけみ氏のような学校教諭の皆様や、住民の皆様のご理解があったからである。また、医療現場で地域の人々を守っている南相馬市立総合病院院長の金澤幸夫氏や、同病院副院長の及川友好氏のような医療従事者の皆様の支えも貴重であった。この場をお借りして心から感謝の気持ちを示したいと思う。様々な思いが渦巻く中で日々の生活を立て直し、深い愛情をもって子どもたちを育てている親御さんの姿からもたくさんのことを学ばせていただいた。生の声を聞かせてくださった及川昌子さんにありがとうとお礼を言いたい。相馬市在住で3児の父であり、津波の時は消防団の団長として避難誘導にあたった但野直治氏は、本書の企画に寄せて次のように書いてくださった。

「ここまでたくさんの方々の支援協力がありました。みなさんそれぞれ立場は違うものの、共通していたのは当事者意識を持ち、困った時は〝お互い様〟の精神、つまり、共苦に基づく想いで力を合わせてきたような気がします。

こういった共苦に基づく想いの精神こそが、〝支え合う社会〟の原点になるのではと、今回の震災を通じて思うようになりました」

この震災を通じて集まった人たちは、立場も異なるし、様々な専門分野を背景にしているが、だからこそ立場や専門を横断した思いがけないコラボレーションが可能になり、相乗効果を生んできたように思われる。スペシャルレポートを書いてくださった福島県立新地高校教諭（震災当時は相馬高校）の高村泰広氏、ワシントンDCから長期支援に駆けつけた前嶋明美氏、アスリートソサエティ理事で競輪のオリンピック銀メダリストの長塚智広氏、代々木ゼミナール講師の藤井健志氏、ボストン在住で作家の渡辺由佳里氏。こうした方々は、ふつうだったら出会うことはなかったかもしれないが、震災を契機にこの地に集うことになり、新しい活動が生まれてきた。本書への寄稿も、そうした活動のひとつであろう。

また、本書では星槎グループ相双地区活動レポートも収録させていただいた。このレポートを読むと、星槎グループの支援活動自体も、多くの志を共にする個人や企業に支えられていることがご理解いただけると思う。

日本中から、世界中から、この地域に支援者・応援者たちがやってきている。2013年2月19

日には、星槎大学の姉妹校であるブータンのロイヤル・ティンプー・カレッジ（RTC）からの交換留学生10人が相双地区を訪ね、第五代ブータン国王が2011年11月に訪れた相馬の海辺に赴いた。そこは津波によって多くの犠牲者が出たところである。バスから降りるとすぐ、誰が言いだすともなく、学生たちは海を背にしてその場に一列に立ち並んだ。そして敬虔《けいけん》な仏教徒であるかれらは、ブータンの言葉でお経を唱え始めた。それは歌のような呪文のような、美しく厳かな響きだった。祈りは数分に及び、最後は全員で深々とお辞儀をした。亡くなった方への心からの哀悼の意が感じられ、同行者一同の心にも深く染み入った。

やがてまたこの地に、日本の各地から、そして世界から人々が集まってくることだろう。ここに集まる人々は、目標を共にし、互いを尊重し、現場で行動を起こしている。このグローバルでローカルな交流の場は、「共生社会」のひとつの現れといえるだろう。

本書が刊行の運びとなるまでに、多くの方々からのご協力があった。本書の執筆者の皆様はもちろん、星槎グループ本部長の井上一氏、事業経営課長の桑原寿紀氏、相双地区特命室の川井一男氏には貴重なご助言をいただいた。心から感謝の気持ちを述べたい。また本書での諸活動の一部や刊行にあたっては、文部科学省緊急カウンセラー派遣事業、財団法人三井生命厚生事業団ならびに星槎大学附属研究センターからの助成を頂いている。この場を借りて御礼を申し上げたい。明石書店の深澤孝之氏には、筆者の前著に続いて再びお世話になった。深謝する。

浜通りの子どもたちは、本気で問題に取り組む大人たちを見て、これからどんな物語を紡いでゆくのだろうか。「辛くて大変だったけれど、いいこともたくさんあった」と、後で振り返ることができるような子ども時代を過ごしてほしい。そして故郷に誇りを持って、自由に羽ばたいてほしい。応援しながら、その成長を心から楽しみにしている。

執筆者を代表して　細田　満和子

長塚智広　【スペシャルレポート4】
アスリートソサエティ理事／競輪選手

越智小枝　【第9章】
相馬中央病院医師

渡辺由佳里　【スペシャルレポート5】
作家

山越康彦　【相双地区活動レポート1】
星槎グループ／世界こども財団

髙橋浩之　【相双地区活動レポート2】
星槎国際高等学校 郡山学習センター 副センター長

斉藤誉幸　【相双地区活動レポート2】
星槎国際高等学校 仙台学習センター センター長

牧野秀昭　【相双地区活動レポート3】
星槎国際高等学校 教頭

森実さとみ　【相双地区活動レポート4】
星槎大学帯広サテライト 星槎国際高等学校帯広キャンパス
キャンパス長

小柳浩二　【相双地区活動レポート5】
星槎湘南大磯キャンパス キャンパス長、星槎学園湘南校 教頭

上泉義朗　【相双地区活動レポート6】
星槎グループ／一般社団法人スペースウェザー協会

三橋國嶺　【相双地区活動レポート7】
星槎グループ／一般社団法人スペースウェザー協会

尾﨑達也　【相双地区活動レポート8】
星槎グループ相双特命室、星槎国際高等学校 事務長兼
郡山学習センター長

執筆者紹介（執筆順）

宮澤保夫【序】
星槎グループ会長

井戸川あけみ【第1章】
元福島県南相馬市立小高中学校養護教諭

安部雅昭【第2章】
星槎グループ相双特命室長、星槎名古屋中学校 校長

高村泰広【スペシャルレポート1】
福島県立新地高校教諭

西永 堅【第3章】
星槎大学准教授

吉田克彦【第4章】
星槎大学非常勤講師

前嶋明美【スペシャルレポート2】
元養護教諭

三森睦子【第5章】
星槎教育研究所所長、星槎大学専任講師

今中紀子【第6章-Ⅰ】
星槎教育研究所

中澤敏朗【第6章-Ⅱ】
星槎教育研究所

福井美奈子【第6章-Ⅲ】
星槎教育研究所

藤井健志【スペシャルレポート3】
代々木ゼミナール講師

坪倉正治【第8章】
東京大学医科学研究所

編者紹介

細田 満和子（ほそだ みわこ）【第7章、おわりに】

星槎大学副学長。博士（社会学）。専門社会調査士。1992年東京大学文学部社会学科卒。同大学大学院修士・博士課程修了。コロンビア大学、ハーバード公衆衛生大学院で研究に従事。2012年から星槎大学教授、2013年より現職。専門は社会学、医療社会学、公衆衛生学、生命倫理学。主著書は『脳卒中を生きる意味』（青海社）、『パブリックヘルス』（明石書店）、『チーム医療とは何か』（日本看護協会出版会）など。

上 昌広（かみ まさひろ）【はじめに、第10章】

東京大学医科学研究所 先端医療社会コミュニケーションシステム社会連携研究部門 特任教授。医学博士。1993年東大医学部卒。1997年同大学院修了。虎の門病院、国立がんセンターにて造血器悪性腫瘍の臨床研究に従事。2005年より東大医科研探索医療ヒューマンネットワークシステム（現 先端医療社会コミュニケーションシステム）を主宰し、医療ガバナンスを研究。著書に『復興は現場から動き出す』（東洋経済新報社）がある。

復興は教育からはじまる
——子どもたちの心のケアと共生社会に向けた取り組み

2014年5月20日　初版第1刷発行
2015年9月25日　初版第2刷発行

編著者　細田満和子
　　　　上　　昌広
発行者　石井昭男
発行所　株式会社　明石書店
〒101-0021　東京都千代田区外神田6-9-5
電話　03（5818）1171
FAX　03（5818）1174
振替　00100-7-24505
http://www.akashi.co.jp
装丁　明石書店デザイン室
印刷・製本　モリモト印刷株式会社

（定価はカバーに表示してあります）　ISBN978-4-7503-4015-9

JCOPY　〈(社) 出版者著作権管理機構　委託出版物〉
本書の無断複写は著作権法上での例外を除き禁じられています。複写される場合は、そのつど事前に、(社) 出版者著作権管理機構（電話 03-3513-6969、FAX 03-3513-6979、e-mail: info@jcopy.or.jp）の許諾を得てください。

海よ里よ、いつの日に還る　東日本大震災3年目の記録
寺島英弥
◉1800円

東日本大震災　希望の種をまく人びと
寺島英弥
◉1800円

希望の大槌　逆境から発想する町
碇川豊
◉1600円

大槌町　保健師による全戸家庭訪問と被災地復興
東日本大震災後の健康調査から見えてきたこと
村嶋幸代、鈴木るり子、岡本玲子編著
◉2600円

私とあなた　ここに生まれて
和合亮一詩　佐藤秀昭写真
◉1300円

福島、飯舘　それでも世界は美しい
原発避難の悲しみを超えて　小林麻里
◉1800円

原発避難民　慟哭のノート
大和田武士、北澤拓也編
◉1600円

震災復興と宗教　叢書　宗教とソーシャル・キャピタル　第4巻
稲場圭信、黒崎浩行編著
◉2500円

反原発へのいやがらせ全記録　原子力ムラの品性を嗤う
海渡雄一編
◉1000円

ジャパン・イズ・バック　安倍政権にみる近代日本「立場主義」の矛盾
安冨歩
◉1600円

原発ゼロをあきらめない　反原発という生き方
安冨歩編　小出裕章、中嶌哲演、長谷川羽衣子著
◉1600円

幻影からの脱出　原発危機と東大話法を越えて
安冨歩
◉1600円

原発危機と「東大話法」　傍観者の論理・欺瞞の言語
安冨歩
◉1600円

人間なき復興　原発避難と国民の「不理解」をめぐって
山下祐介、市村高志、佐藤彰彦
◉2200円

「辺境」からはじまる　東京／東北論
赤坂憲雄、小熊英二編著
◉1800円

「原発避難」論　避難の実像からセカンドタウン、故郷再生まで
山下祐介、開沼博編著
◉2200円

〈価格は本体価格です〉

資料集 東日本大震災・原発災害と学校 岩手・宮城・福島の教育行政と教職員組合の記録
国民教育文化総合研究所 東日本大震災と学校 資料収集プロジェクトチーム編 ◉18000円

資料集 東日本大震災と教育界 法規・提言・記録・声
大森直樹、渡辺雅之、荒井正剛、倉持伸江、河合正雄編 ◉4800円

東日本大震災 教職員が語る子ども・いのち・未来
あの日、学校はどう判断し、行動したか
宮城県教職員組合編 ◉2200円

子どもたちのいのちと未来を守るために学ぼう **放射能の危険と人権**
福島県教職員組合放射線教育対策委員会／科学技術問題研究会編 ◉800円

チェルノブイリの春
エマニュエル・ルパージュ著 大西愛子訳 ◉4000円

原発災害下の福島朝鮮学校の記録 子どもたちとの県外避難204日
具永泰、大森直樹編 遠藤正承訳 ◉2000円

教育を紡ぐ 大槌町 震災から新たな学校創造への歩み
山下英三郎、大槌町教育委員会編著 ◉2200円

キー・コンピテンシーの実践 学び続ける教師のために
立田慶裕 ◉3000円

脱原発の社会経済学 〈省エネルギー・節電〉が日本経済再生の道
小菅伸彦 ◉2400円

放射能汚染と災厄 終わりなきチェルノブイリ原発事故の記録
今中哲二 ◉4800円

放射線被ばくによる健康影響とリスク評価
欧州放射線リスク委員会（ECRR）2010年勧告
欧州放射線リスク委員会（ECRR）編 山内知也監訳 ◉2800円

〈増補〉放射線被曝の歴史 アメリカ原爆開発から福島原発事故まで
中川保雄 ◉2300円

新装版 人間と放射線 医療用X線から原発まで
ジョン・W・ゴフマン著 伊藤昭好、今中哲二、海老沢徹、川野眞治、小出裕章、小出三千恵、小林圭二、佐伯和則、瀬尾健、塚谷恒雄訳 ◉4700円

東日本大震災を分析する 1
地震・津波のメカニズムと被害の実態
平川 新、今村文彦、東北大学災害科学国際研究所編著 ◉3800円

東日本大震災を分析する 2
震災と人間・まち・記録
平川 新、今村文彦、東北大学災害科学国際研究所編著 ◉3800円

復刻 日本地震史料 ①上古より元禄六年まで ②元禄七年より天明三年まで ③天明四年より弘化四年まで ④嘉永元年より慶応三年まで 及び年表
文部省震災予防評議会・武者金吉編 石橋克彦解説 ◉各25000円

〈価格は本体価格です〉

パブリックヘルス 市民が変える医療社会

アメリカ医療改革の現場から

細田満和子 編著 ■◆四六判／248頁 ◎2600円

無保険者がいる一方、市民・患者・医療者のそれぞれが医療制度を変えようと声を上げ、聴き関わろうとする人々がいるアメリカ。ボストンで生活しながら、保健医療を手掛かりに個人と社会との関わりについて考察する著者がみたアメリカの今と3・11後の日本社会。

●内容構成●

【第1部 アメリカのヘルスケア改革への長い道のり】
第1章 全米初・マサチューセッツの州民皆保険
第2章 連邦(国)におけるヘルスケア改革
第3章 医療・専門職・社会
【第2部 健康と社会】
第4章 個人と共同体
第5章 障害と社会
第6章 個人と社会のねじれ、あるいは同じコインの表裏
【第3部 みんなの健康のために】
第7章 当事者の声
第8章 誰のための医療か
【第4部 3・11からの私たちの社会】
第9章 東日本大震災へのボストンからの思い
第10章 フクシマ便り
第11章 パブリックヘルス(みんなの健康)のために

学校現場で役立つ「問題解決型ケース会議」活用ハンドブック
チームで子どもの問題に取り組むために
馬場幸子編著 ◎2200円

新版 学校現場で役立つ子ども虐待対応の手引き
子どもと親への対応から専門機関との連携まで
玉井邦夫 ◎2400円

教室の「困っている子ども」を支える7つの手がかり
この子はどこでつまずいているのか？
宮口幸治、松浦直己 ◎1300円

いじめの罠にさようなら クラスで取り組むワークブック
安全な学校をつくるための子ども間暴力防止プログラム
キャロル・グレイ、ジュディ・ウィリアムズ著 田中康雄監修 小川真弓訳 ◎1500円

教育におけるドラマ技法の探求 「学びの体系化」にむけて
渡部 淳＋獲得型教育研究会編 ◎2500円

アートでひらく未来の子どもの育ち
未来の子どもの育ち支援のために――人間科学の越境と連携実践
玉川信一、石崎和宏編著 筑波大学「未来の子ども育ち」プロジェクト企画 ◎2400円

まんが 発達障害のある子の世界 ごもっくんはASD（自閉症スペクトラム障害）
大橋ケン著 林 寧哲、宮尾増知監修 ◎1600円

沖縄の保育・子育て問題 子どものいのちと発達を守るための取り組み
浅井春夫、吉葉研司編著 ◎2300円

〈価格は本体価格です〉